美の哲学論考

美の哲学論考

倉石清志

Opus Majus

本書の完成を楽しみにして下さっていた
故 稲垣良典先生に捧げる

目 次

端書 ・・・・・・・・・・・・・・・・・・・・・・・・・・・ 6

第 1 章 ・・・・・・・・・・・・・・・・・・・・・・・・・ 9
第 1 節 美の真髄への挑戦 ・・・・・・・・・・・・・・・ 12
第 2 節 美の定義 ・・・・・・・・・・・・・・・・・・・ 15
第 3 節 美放 ・・・・・・・・・・・・・・・・・・・・・ 20
第 4 節 適美 ・・・・・・・・・・・・・・・・・・・・・ 23
第 5 節 感覚の美 ・・・・・・・・・・・・・・・・・・・ 28
第 6 節 知性の美 ・・・・・・・・・・・・・・・・・・・ 37
第 7 節 心象の美 ・・・・・・・・・・・・・・・・・・・ 45
第 8 節 美における醜 ・・・・・・・・・・・・・・・・・ 55

第 2 章 ・・・・・・・・・・・・・・・・・・・・・・・・・・・・・・・・ 61
第 1 節 美への純真なる応答 ・・・・・・・・・・・・・・・ 64
第 2 節 美の現今性 ・・・・・・・・・・・・・・・・・・・・・・ 69
第 3 節 常流定有の美
　第 1 項 誕生の美 ・・・・・・・・・・・・・・・・・・・・ 77
　第 2 項 消滅の美 ・・・・・・・・・・・・・・・・・・・・ 82
　第 3 項 一回性の美 ・・・・・・・・・・・・・・・・・・ 86
第 4 節 現態化の美 ・・・・・・・・・・・・・・・・・・・・・・ 91
第 5 節 〈真善美愛〉の美
　第 1 項 世界価値の美 ・・・・・・・・・・・・・・・・ 95
　第 2 項 永遠の内美 ・・・・・・・・・・・・・・・・・・ 100
第 6 節 汎美 ・・・・・・・・・・・・・・・・・・・・・・・・・・・・ 105
第 7 節 美自体 ・・・・・・・・・・・・・・・・・・・・・・・・・・ 110

後書 ・・・・・・・・・・・・・・・・・・・・・・・・・・・・・・・・・・ 120

端書

　本書は美に関する哲学的論考である。その第一目的は、究極の美である。もう少し厳密に言えば、実体一元論（substance monism）の立場から実体である第一表現者の世界化された観念としての美自体について探究された内容となる。なお本書では美に着目するかぎり、実体のことを「本体」と呼び換えることが適当だと考えた。これに伴い、本体一元論として置き換えられる[1]。

　いずれにせよ、本書は美の本源の探究であることに変わりないため、諸々の芸術における美について論じたものではない。それゆえ、芸術論に関するものを求める方々には、本書が直接に役立つことは殆どないだろう。

　そのうえ、私はこれから究極の美すなわち全ての精神に植え付けられているところの本体の美について探究するわけであるから、したがってそうした対象を臆見のままに端から否定する方々に対しても、本書から早急に離れることをおすすめしたい。いや、本音を言えば、そのような者たちに本書を読んでもらいたくないのである。

1　私にとって「実体」と「本体」は同義である。本論ではその微妙な意味合いを考慮して、主に本体の用語を使用する。しかし実体の用語が望ましい場合は、それを採用した。いずれも古称を尊重することが動機である。

実際、哲学において至高の存在を見出せない者にとって、本書の試みから受ける刺激などは無いも同然であろう。それならば、他のことに尽力する方がよほど有益な行為ではないだろうか。こうした理由も含めて、私は真理の愛求者たちと共に考察していくことだけを望む。

　最後に。論文の通例に従うなら、本書の現代的意義について述べておかなければならないのだろう。しかしながら私としてはそうしたことに関心が低く、むしろ可能なかぎりそのような類いのしがらみから解放された状態の下で哲学に励みたいだけである。別言すれば、古哲たちの真理に対する自由精神に倣うことに努めている。この「倣うことに努めている」、という意味だけに限定すれば、それは今のところ適えられている。そして本論において、未熟ながら一人の探究者として純粋に究極の美の概念にふれられたことに深謝したい。なお、それが一般的な意味での自己満足の域に留まっているかどうかは正直なところ分からない。私は探究の途上にあるからだ。

　現状において断言できるのは、過度な実利主義、商業主義に陥り、そこからの脱却の光が見えない今日の我が国に対して、本論のような哲学的思考実験としての小論 (opusculum)[2] が果たす役割は皆無に等しい、ということである。実際いかなる環境であれ、理性を主体にできず、心の余暇なき状況で哲学が芽生えることなどあり得ない。

2　小論考、小論攷

しかしそのような虚無的な社会情勢でありながら、いまだ哲学探究心を忘れていない若干の者たちがいるのも事実である。こうした稀有な知恵の愛求者たちに瑣細な知的刺激ぐらいは与えることができるのではないか、と淡い期待を抱いている。もしこのような者たちの一助となるなら、著者の望外の僥倖である。

第1章

第1章

美とは、光のようなものである
美は即時に、一挙に表現される
美は行旅を快適に、健全にする

表現は美しくなければならない
美しいからこそ全ては存在する

第1章

第1節　美の真髄への挑戦

　全ては美しい。世界では美（pulchritudo）が輝いている。無限に散在する美は、その根源から発現されている。無窮の美射が必然の表現であるなら、全ては美に心奪される運命にある。知眼を通じて美光が差す展開に身を委ねることで、全ては美である、という観念が内表される。

　このような諦観に至ることができたなら、私たちの生活は一変するだろう。あらゆる醜を美として知認しなければならないこの境地に達することは困難を極める。しかしそれでも光明が差す。まず全ての人間は、内なる美得心のままに美を求めるものである。換言すれば、美への追求は人間の賦性なのである。これは、究極の美への道が万人のために開かれていることを意味する。無数の美の明放が万人に注がれている。それらはそれぞれが究極の美へと進行するための契機なのである。

　そして美は率直なものである。言い換えれば、それは即時一挙に発現される。さらに言うなら、美は即様的に、即効的に現出されるのである。別の観点から見れば、美による生感は内現され易い。これは私たちの経験によっても明らかであろう。そうであるなら、美性には魔力が備わっているのかもしれない。思わずこのような俗信が

先走ること、つまり浅薄な霊能信者のごとき妄言を吐きそうになるのも無理はない。美はそれほどまでに一般生活において身近で容易に感取することができるものであるから。確かに日常において、私たちはいたるところで美しさを即座に知覚（感受、知解）する。美には無数の種類があり、その諸美の魅力によって各々または各々の美得心を瞬時に刺激する、というわけである。

　この事実には、様々な美に刺激される人間の多様性が内有されている。もしくは美の表れが多様である、ということと直接繋がっている。実際、美の多様性は、古代から現代にかけて多くの芸術家によって表現されてきた。美が多様であるのは芸術において実証済みなのである。とはいえ、芸術による多様性の表現の多くは、独見や独偏からなる感美のものである。逆に言えば、共通概念からなる知美は僅かである、と言わざるを得ない。だがそうした芸術論の問題については、ここで取り扱う必要はない。

　主題に戻ることにする。さて私たちは、無限なる多様性が一なる本様性に内有されていることを理解している。すでに私たちは、究極の美の道を歩くための端緒を得ているのである。それは、人間は賦性的に美を求める、ということに関係する。人間の美を求める本性は、世界の本性と一致している。というのは、人間は世界の局部だからである。見方を変えれば、世界はその基性上、世界の一部である人間に究極の美を探究させているのである。この動勢は世界の必定的な変様展開の一端である。

いずれにせよ、全世界は〈創造され、創造する自然〉として〈創造されず、創造する自然〉である世界本体によって創造表現されている。世界の創造表現は無限に多面である。そしてその一面が美性となる。この世界における無限の美は、美の根源すなわち美自体によって分与展開されている。そうした変様展開は、理路に即して意識するかぎり、美自体として変様化した本体の観念の創造表現として内刻されていることを、私たちは実観する。

　その魂刻に則った動勢に共鳴する者は、純真活発な探究心のままに使命を帯びる。それは美の真髄への挑戦である。言い換えれば、真の自由者として浄慧のままに美の源泉に遡れる機会を得たのである。その精粋の行旅による現成[3]は真美を表顕させる。人間本性に準じた美の表現展開は、美の真髄をあらわにするのである。そこには大いなる不朽の価値の一つがあるものと考えられる。

3　ありのまま現れるもの

第2節　美の定義

　万人に降り注ぐ煌々たる美射。美の明放は、類縁性の動勢によって適意を生起させる。この美における適意は、美における機縁のことでもある。言い換えれば、その美への好意的志向は、美との適合契機・関係契機によって描出[4]される。こうして美の実在性は、美性を介した内界と外界との交接による表現であることが知認される。

　もちろん、その交接は滅性のものだけではない。つまり美の描出は、有終の美（終わりを有する美性）との交接によってのみ発現されるものではないのだ。裏返せば、それには無終の美（終わりの無い美性）との交接ならびにその契機を含んでいるのである。このことを巨視的に見れば、美への発端意識は全て（たとえそれが浅薄なものであれ）美の幽玄に入門している、という見方が可能である。実際のところ、美への思索には無数の入口が存在している。とはいえ、その無数の枝道は、至理[5]の本性の導きによって一なる本道に繋がっている。

4　「描出」は変状（変様）された美としての表現のことを意味する。それゆえ、本論では絵、図、文などによって描き出すという意味だけに留まらない。
5　「至理」または「究竟」。いずれも私の定義する本体の観念としての理想の意味ではなく、世間一般（大衆）の理想や主知的な理想としての意味で使用される。

第 1 章

　ところで今回の美の考察にあたって、私は私自身の入口を既に設けている。そのため、私は私の探究を進めるためにもその扉を開くつもりである。これはどういうことかと言うと、以前、私は美の概念を以下のように定義したことがある（自著『創られざる善』にてそれは語られている）[6]。この定義は私のなかで今でも有効である（効果がある）。ゆえにそれを活用することが望ましいと考える。それによれば、まず人間の美とは分有的美のこと、すなわち美自体による快適性・健全性の変様表現のことである。それゆえ、人間の美とは快適性・健全性のこと、あるいは快適性または健全性のことである。もっと言うならば、価値の快適性・価値の健全性のこと、あるいは価値の快適性または価値の健全性のことである。

　ここでの「または」については、当然ながら快適性と健全性にかかっているのだが、つまりこれらは美の意味としてどちらも正しいとされるが、ただそれだけでなく、美なる概念にはどちらの意味も、すなわち快適性と健全性が含まれている。ようするに、美の概念にはそれら（快適性・健全性）が併存（並存）しているのである。このことについてもう少し付け加えるなら、美の快適性・健全性はどちらかが強や弱、大や小、増や減、常時や一時などのように変動することはあっても、そのどちらかが欠けてしまっては美として定立し得ないのである。

6　『創られざる善』74 頁

第2節 美の定義

　なお本論では美の展開について可能なかぎり、大局的に見ながらも明確(正確)に捉えることに挑戦したい。そのため、主にそれらが併存(並存)した美の概念、すなわち「快適性・健全性」として扱っていくことになる。

　ついでながら、美はそれがいかなるものであれ、必ず「み^{、、}る」(visio)によって、すなわち「知覚」によって表現されなければならない。これについては後述される。

　さて、ここでは私が定義する美すなわち快適性・健全性を少し細分化してみることに努めてみたい。そうすることで、美の概念の多面性の理解が期待されるであろう。

　だがその前に次のことを付言したい。美は深き概念である、ということを。これはあまりにも自明であるがゆえに、もし美の概念を簡約化するようなことがあれば、結果として(私たちが望む)美から遠退くのは必至である。美について思いを巡らすなら、全ての人間は美しいものに容易に魅了される、という事実を直視させられる。私たちは美を黙視することができない。何かしらの美性によって生じた内なる適美を、心から拒絶することはできない。これは美が浅い概念ではないことを証明する。むしろ美は捉え難き神秘性を有する。けれどもこの問題については後章で示唆されるだろう。とにかく、私としては以下の分類で奥妙の美を少しでも実観できることを願う。

　これから美の快適性・健全性の支分について概説する。まずは美の快適性について。美の部面である快適性は、次のように分けられる。すなわち快美と隆美である。

17

第 1 章

　「快美」とは、美による「悦楽」もしくは「愉悦」のことである。言い換えれば、美性によって快さ（心地よさ）が生じることである。この快美は、その動勢が美（の有様）として最も顕著に発現され易い。

　それから「隆美」とは、美による「隆昌」のことである。言い換えれば、美性によって心身の動勢が活発になること、もしくは活動力が盛んになることである。

　続いて、美の健全性について。美の部面である健全性は、次のように分けられる。すなわち健美と格美である。

　まず「健美」とは、美による「正常」のことである。言い換えれば、美性によって心身の動勢が健康であること、または健康になることである。さらに言えば、美性によってそれが健康に有効であることである。この健美も、その動勢が美（の有様）として顕著に発現され易い。

　それから「格美」とは、美による「正則」のことである。言い換えれば、美性によって心身の動勢が正格になること、もしくは正しく本性と合致することである。

　最後に、以下のような疑問を抱いている者たちに対して簡単に述べておきたい。すなわち、美の観念において特殊な概念あるいは用語を創造し、展開することにどのような意図があるのか、ということである。

　これについて私はこう答える。第一に、一単語（用語）が冗長になること、ひいては論が冗多に流れることを可能なかぎり避けるためである。こうした新語（造語）を作る意図については、私の全創作物（著作）に該当する。

第二に、それは美が存在の部面（部分）表現であるために、つまり美を他の概念、とりわけ諸々の世界価値[7]、たとえば真、善、愛といった概念と分別するためである。もしくはそうした他の哲学的価値の探究の展開と一応の区別をつけるためである。美なる概念もそれが本来的に真理探究においての普遍価値（世界価値）であるのなら、やはり他のそれらと同様、深遠かつ多面であることになる。したがって、せっかく美に焦点を絞った私たちの考察に可能なかぎり混乱が生じないように、ないしはその概念の集中的な考察が可能なかぎり逸脱しないように——とはいえ、考察の寄道もまた哲学の意義であると私は考えているのだが、ともかく——努めていくだろう。

7　これについては主に第2章第5節第1項で語られる。

第 1 章

第 3 節　美放

　美は遍在する。全世界には美自体によって無限に多くの美が散在している。この散在する美性のことを、私は「美の明放」と呼ぶ。さらにそれを短縮して、「美放」あるいは「美射」などと呼ぶ。なおこの美放・美射は、美自体によって即様的あるいは即効的に現出される。そしてこの「即様的・即効的」なるものは、即時一挙に表顕される美の性向（性質）を表現している。これがその名の主な由来となっている[8]。

　ともかく、世界では無限に美放があてられている。そして美放による変展または推移が絶えずなされている。換言すれば、世界では無限に放射された美の各々が絶えず刺激し合い進展し続けている。世界の現様態である人間は、関係変様するものである。世界の或る美へと結合するための自己の美の活動力。その美への欲得は、適美として世界の好適な美の知覚対象と関係一致し、変様表現していく。これは前述した美性を介した内界と外界との交接による表現である。そうなると美は個物の外部のみに存する、という意味だけではもはや通用しなくなる。

---
[8]　さらにこの新語は、「即勢的」、「瞬様的」、「瞬効的」などと同義である。だがこれらは本書では使用しない。

第3節 美放

　美は遍在する、と私は上記した。その言葉は、この世界だけではなく、そこで生きる有終体の内性にも該当している。全ての定命性（定命の現様態）にも美は内有されているのである。より厳密に言えば、世界本体を究極原因として無限の美が世界秩序ならびにその局部である人間の内に即様的・即効的に遍在され、変様展開している。

　美放は原因を有する。このことは美放の変展動勢が理法に基づき規則正しく作用していることを意味する。その秩序の有は決して偶然ではない。偶然から摂理を産出することは不可能である。ではそれが偶然ではなく必然であるなら、それには原因がなければならなくなる――もしくは、原因なき必然というものは決して存在しない――。そうなると、或る存在の美の変様展開を想定することで、そこには無数の原因が連結していることが知覚される。言い換えれば、原因の原因、さらにその原因の原因の原因などといったように延々と遡ることになる。だが原因が無際限に連鎖し続けるのは不条理である。この無限遡及の矛盾を考慮したうえで、やはり究竟には唯一の究極原因として自己をたらしめる第一表現者、すなわち第一原因が実在しなくてはならないのである。

　美に限定するなら、全世界に無限の美が散在しているかぎり、その美放を表現展開する第一表現者（第一原因）の実有性が規定される。世界の普遍性から普遍変様された普遍概念によって、第一表現者の世界化した永遠無限なる美の観念すなわち美自体が知解されるのである。

本節のまとめとして。美放は美自体から無限に即様的あるいは即効的に放出される。別言すれば、第一表現者によって、それは世界秩序全体に即時一挙に遍在される。美放は第一表現者による内表あるいは内現の表現として換言できる。ここで「内表・内現」と述べたのは、全ての美は第一表現者の内のみにおいて明放されるためである。ようするに、第一表現者の外に美は創造表現されないどころか、そうした実有の外そのものが創造表現されていないのである。だがこれについては時期尚早であると判断するため、これ以上進めることはしない。なお、次節では人間における美の好適性について考察される。

第4節　適美

　哲理での機縁は救済の扉である。類似性または類縁性は、知恵の探究によって自由への選定者となる。そうした哲学討求に限定されない一般的な意味においても、類似性は広範な意味を有する。ところで適美なる美の好適性は、類似性の一端として知解される。だがそれは美性の区別においてすら広義であることから脱却できない。ゆえに本節では人間の適美の部分だけを抽出し考察する。

　まず、適美は或る美放または美射を適意に知覚することで変様表現される。これからして、適美は美放によって自己が美的変展することで描出される事実の是認または応答のことである。だがさらに適美の推考を続けるなら、美性への是認や応答の概念は、好適性に内包されている。それゆえ、至理において次のように規定されよう。すなわち、適美とは美的変展することで描出される美の好適性のことである。別言すれば、或る美性の知覚によって、その対象の美との好意適合が発現されることを[9]、

9　付言すれば、或る対象の美放から刺激変様され、つまり或る対象の何らかの美を知覚し、そして他のものを得るためでなく、ただそれ自体を好ましく思ったり、気に入ったりするような刺激変様のこと。もっと言えば、美への好尚（嗜好）、傾慕、懸想、横溢などの好適性に類する刺激変様も含まれる。

「美における適意（美への適意）」と呼ぶ。そしてそれを「適美」と略称する。本論では適美の用語を用いることが殆どである。なお適美には二つの側面があるものと思われる。すなわち（感情的なそれを含んだ）感覚的適美（感覚的適意）と知性的適美（知性的適意）とに。だがこれらについては、それぞれ適当な箇所で説明される[10]。

また適美なる概念を推究していけば、それは人間の本質の部面である衝動[11]ないしは活動力の一作用であることの理解に至るであろう。そもそも全ての人間は、自己の活動力を持続または促進させるために、自己の心身（精神と身体）のどちらか一方を、もしくは両方を同時に変様刺激させ、自己の欲望に即して展開していく。その衝動または活動力の作用において美性が顕然である場合、この衝動または活動力のことを、「美得心」あるいは「美への欲得」と呼び、一応の区別をつけている。

ところで美への衝動が活発であればあるほど、それだけその美と誘勢・優勢に関係一致される。誘勢・優勢の度合・程度に沿って適美を現出させ、その対象に魅せられる。つまり美放によって発動された美得心からなる好意適合すなわち適美の誘勢性・優勢性に基づき美性傾倒が変展持続する。見方を変えれば、適美の誘勢性・優勢性に応じて美への一心性が関係継続されるのである[12]。

---

10 感覚については第1章第5節。知性については第1章第6節。
11 別称として、「衝求」、「衝望」、「衝応」などがある。
12 一心性は精神の完全性に応じて「熱中」、「夢中」、「専心」に分類される。これについては『創られざる善』82頁を参照。

第 4 節 適美

　ともかく、美への欲得の力が活発になればなるだけ、それだけ美に魅了される。このことを、「美による心奪」または「美による惑溺」と呼ぶ。なお本論では、「心奪」または「惑溺」と略称することが殆どである。

　それから美放による適美（美の好適性）の感応または観応に合わせて、美の魅力による心奪は、即効的に心身を拘束または解放する。この「解放」について、それは純粋進展（変様昇華）によるものである——つまり心奪は繋縛を超越した徴表（特質）を有することになる——。したがって、共通の純正性・真正性を基準にした区分化が望ましい。すなわち、美による心奪は三種に大別される。

　第一種は、感覚、感情、（感覚や感情が誘導的・誘先的な）心象の心奪である。第二種は、（知性が主導的・優先的な）心象や（探究知である）理知の心奪である。第三種は、（直観真知である）観照の心奪である。なおこれらの知性については然るべきところで述べられる[13]。

　さてこれまでの考察によって、美は大なり小なり人間精神を心奪させることが理解された。このことから、全ての美の基性は、美の欠如すなわち醜の動勢によって鈍化あるいは散向されたものではない、ということが導出される。むしろ美のそれは他を顧みることなく一向させることにある。つまりその惑溺の状態は活動力の減少から生じるのではなく、増大によってそうなる。そして、その美の誘勢性・優勢性に応じて変展持続するのである。

13　主に第 1 章第 6 節

第 1 章

　こうして美の動勢によって精神が活発になり、反対に、醜によって精神が不活発になる。人間精神が美によって活発である際、そこに適美による生の充実を展開させることになる。そのような特性の適美から描出される生きている実感のことを「美による生感」と呼ぶ。あるいは単に「生感」と呼ぶ。この用語は、主に感覚や感情ならびに感覚や感情に動向した心象から生きた心地・現実感（現実味）を得ることを意味している。他方、適美から描出される生きている実感（実解）を知的に得る（理知に動向する心象や理知や観照の知性によって得る）ことを、「美による生解」あるいは単に「生解」と呼ぶ。

　しかし多くの人間にとっては、知性刺激よりも感性刺激の方が大である。これは経験によっても明らかであろう。人間とは感性刺激が支配的であり続ける傾向にある。それゆえ、多くの人間は感性刺激によって生きた心地・現実味を感じることの方を好む。つまり多くの人間は、生解よりも、生感を現実的なものとして感受（実感）し、そしてそれに拘束されるのである。

　それと、私は先に「多くの人間にとっては」と述べた。だが少なくとも哲学においては、多くの人間がそうだからと言って、それが人間本性に基づいたものであるなどと考えてはならない。ましてやそれが真理であるなどというのは全くの誤りである。むしろ事実は逆で、真理であることは稀少である。それは究竟において観取されるものなのである。ゆえに、常に真美者は僅かである。

いずれにせよ、適美によって人間の生を堪能することができる。この事実は私たちにとって朗報となるだろう。というのも、美性から現出されたこの世界で生きることの実感・実解すなわち生感・生解の展開は、それぞれの価値感・価値観によって独自の生を充実させるのだから。

　とりわけ世界価値としての美の魅力によって自身の生を愉しむことは、至純の美への過程を創造することである。したがって、その美による心奪が純真活発であればあるほど、それだけ理想の美との変様併合の契機の顕然性に影響する。言い換えれば、世界実体（世界本体）の永遠無限なる美放との適美によって、全ての人間精神は通有性を介して定常美化される機会を有している。こうして、私たちはそれに至る道を辿っていくこととなる。

第 5 節　感覚の美

　人間精神は世界精神の一端である。人間精神とは、この世界を通した観念のことである。ここでの世界とは自己の身体を含めたものを意味する。ゆえに、世界の一部としての〈個〉の物体的自己性を介して精神的自己性は展開することになる。人間はこの世界を通じた自己観念によって、世界またはその現象を適意に「みる」ことができる。

　とはいえ、人間の見的動勢（みる活動）は、範囲において限られている。つまり人間の知覚は何かしらによって制限されたものなのである。では問題はそれが何によって制限されているのか、である。ここで少しだけ語れるのは、人間を含む全ての現様態は世界そのものが存在することによってはじめて存在することが許される、という前提に基づくなら、その全ては世界の必至的事柄によって準拠されていることになる。言い換えれば、存在本体の内なる変動態の基性は、不羈または随意ではなく、存在本体の存在表現の局部としての限界性によって絶対に決定付けられている。それゆえ、そうした秩序内の全ては唯一の本体による確然たる表現である。この意味において、全てはそれの必然の創造性の内によって展開されているのである。

第5節 感覚の美

　ところで、世界の美の明放すなわち美放には、世界の局部として限定された人間によって知覚され得るものがある。そのかぎり、それは人間的限定に基づき関係変様していく。裏返せば、美性の光明は世界に向けて無限に遍在・散開しているが、人間の知覚には限界があるため、それの一部でしか捉えることができない、ということである。あたかも強烈な光をみることで視力が失われることを（本能的に）保護するかのように、そうしたものが自然基性に組み込まれているのである。この内包（内有）が人間の知覚における限定性の一つの表出なのである。

　この勘考は次のことを開示する。世界の一部として絶対に制限された有限様態としての人間であるかぎり、全宇宙すなわち全自然の美を余すことなく理解することができないことを。しかしそれでも人間が知覚でき得る美の終極は、全自然（全宇宙）の共通した美の終極である、と理路に即して推考され得る。世界の無数の美は、美自体によって表現展開される。つまり根源美の表現として敷延している。この永遠無限なる美の観念からの放射は、人間の知覚によって限定されているにもかかわらず、人間であることの表現展開のためには、すなわち永遠なるものを探究するという人間本性[14]に即した者にとっては幻妙な重宝の一つである、と主張できる。人間本性の至理において、永遠知性は独界の檻から放つのであるから。

14　人間は自然の一部である。そのかぎり、人間本性は自然本性と同義である。

第 1 章

　ともかく制限された人間の知覚のことを、つまり人間がみることができる範囲のものを、「可見(可見性)」または「可覧(可覧性)」と呼ぶ。さらにこの可見性を「観界」または「独界」と異称する。なお永遠性に変様併合された知性認識はそれに収まらない。その知性は非滅性が先導しているため、有限個体の限定された観界を超出している。ただしこれについての推究は性急に過ぎるだろう。

　ここで着目したいのは、可見の制約を意識する愛知者は、謙虚を維持していることである。美に絞り込めば、それを意識する探究者がなすべきことは、無知の知を通じた快適性・健全性によって究極の美へと歩を進めることである。複雑に絡み合った概念の一つである「美」を、本論にて哲学的に考察するかぎりにおいて、その本源までの探索はできるだけ最短経路を選ぶことが重要であろう——とはいえ、前述したが、私としては考察の寄道も哲学の意義であると信じている——。こうしたことを考慮して、これから人間の知覚について明らかにしたい。

　[第一の知覚として]。人間の感覚(感性)は独界に停滞している凡常的なものである。人間はそうした感覚に依存している。別言すれば、人間は最前に感覚によって何かを捉える傾向にある。ところで、視覚なるものは感覚の一つである。この感覚作用による自視または視認、たとえば「見ること」や「目で捉えること」や「視覚に入れること」や「目で感じとること」などは、見的動勢としての「みる」ことの部面である。それゆえ、「みる」に

第5節 感覚の美

は視覚作用だけでなく、[第二の知覚として]、知性作用による知得または認識、たとえば「知ること」や「理解すること」や「認め知ること」や「把握し判断すること」なども内含している。この広範な意味を有する「みる」の動勢を、端的に「知覚」と呼ぶ。なお本論において、この知覚という言葉を何度か使用している。引き続きこの用語を用いて考察していく。

それから上記したように広義の概念である知覚という用語を使用する際には、言い換えれば、知覚なる概念には、原則として視覚（感性）としてのそれだけでなく、（十全のものであれ、非十全のものであれ）知性認識としてのそれも含まれているがゆえに、感性と知性、あるいは知性よりの感性と感性よりの知性のどちらの動勢にも使用することは決して不当ではない、という理解が肝要となる。こうしたことを踏まえて、人間における美の知覚を考察することで、或る一つの可能性が浮上してくるのである。このことを簡単に説明したい。

それとは、視覚と認識なる両方の展開を人間的に限局するのではなく、自然界の一自然現象としてみてとれるなら、究極の美における探究の道が開かれるのではないか、ということである。さしあたってその推測のままに、究極の美に到達できることを期待して論を進めていく他ない。とはいえ、これまでの美の考究によって、既に私たちは美の表現を実観しているはずである。これについて少しだけ触れるなら、それは次のようなものとなる。

すなわち、全ては表現である。このように知解されるなら、人間が世界の大いなる表現として関与していることが顕現されるであろう。人間は世界の部面を担っているのである。これについて、美に限定すれば、たとえ十全のものであれ、非十全のものであれ、個人の美の知覚なる表現は、世界の表現（の部面）でもある、ということになる。だがこうした問題は後に取り扱われるだろう。

この節の論題として、人間の感覚の美について明らかにしなければならない。おおよそ一般では、感官からの受動刺激のことを感覚あるいは感性などと呼ばれている。私もそれに従うが、ただし感覚（や感情を含むところの）作用のことを「感取」する、「感受」する、「実感」する、などと異称することがある。そのうえ本論では美に関するかぎり、感覚は主に視覚のことを言う。ゆえに私にとって、視覚としての感性は知覚と同義である。もう少し厳密に言えば、感性知覚（感覚知覚）のことである。そして人間はそうした感覚刺激[15]によって感覚的適美が表出される。すなわち、その刺激によって感覚の美が生じることになる。この感覚の美のことを、端的に「感美」と呼ぶ。

それから人間の知覚の傾向性すなわち動向性について。人間の感覚と感情においては、「誘導性」・「誘先性」と換言できる。活動力によって感覚や感情が誘導・誘先して展開している場合、もしくはそれらよりの場合、「誘導」または「誘勢」などの用語を用いる。

---
15 感覚による「刺激状態」、「作用状態」、「動勢刺激」など。

まず感覚の誘導性・誘先性として。すなわち活動力によって感覚が誘導・誘先して展開している場合、または感覚よりの場合、「感覚動向」、「感覚誘導」、「感覚誘勢」、「感覚現向」、「感覚主体」などと呼ぶ。

　なお視覚に限定するかぎりは「視覚動向」、「視覚誘導」、「視覚誘勢」、「視覚現向」、「視覚主体」などとなる。

　次に人間の感情の動向について。上記の様式（形式）と同様に、感情が誘導・誘先して展開している場合、または受動感情よりの場合、「感情動向」、「感情誘導」、「感情誘勢」、「感情現向」、「感情主体」などと呼ぶ。

　しかし本論では人間の感情について語られることは多くないだろう。だからといってそれが知覚と無関係というわけではない。むしろ密接に関係している。代表的な定義として、感情とは身体の活動力の変様のこと、もしくはその観念のことである。このことから、活動力は絶えず増減変動するものとして理解される。こうした感情の刺激を受けて知覚は変様するかぎり、感情からなる感美すなわち「情美」を論じることは有益である。だが感情は主要なものであれ、無数に変様分枝されている。そのうえ、本論は感情論（情念論）ではないことが前提にある。したがって、本論では究極の美の探究に関するもの以外は感情について言及することを極力控えたい。

　感覚の美について立ち戻る。その美は現今性と直接に関係している。人間の感覚は今的現在（今現在）を先行する。これにより、視覚動勢によって描出される感美の

現今の刺激を通じて、心身は変様展開する現向にある。というのも、人間の感覚は今現在の或る対象からの刺激によって観界を逸脱できずに変様表現されるからである。繰り返すが、感覚作用は現今を先行的に感取するものである。この現今性の傾向こそが感覚の特徴の一つである。それと「現今性」あるいは「即今性」とは、今刻接息のこと、つまり流動変化における今を知覚したこと、またはそうした観念を有していることである。このことを考慮して、すなわち個体独自の現今の感覚刺激（視覚刺激）や感受のことを「独見」と呼ぶ。なお独見が非妥当であることが明確な場合にかぎり、それを「独偏」と呼ぶ。

　ここで重要なのは、人間の感覚の美は、有限個体の独界すなわち独見または独偏の現今性に動向される、ということである。これについて、まず世界に限定された一有様態である人間の最も容易な知覚である感覚（視覚）を通じて美を即今的に感じる。それにより、個体の感覚（視覚）における範囲を超える作用は備わっていないことが示される。やはり現今性は、原則的に個体の主観からなる可見性の今的現在を意識する知覚動勢だからである。

　そのうえ、個体の感覚（が誘導・誘先のもの）すなわち感覚動向は、全ての個体と共通するものではない。それが独見性だからである。個体の感覚は個体の感覚でしかあり得ないのである。ところが、独界に滞留しているだけでは究極の美へと進展することはない。換言すれば、独界の静態からでは最終目的へと展開されないのである。

第5節 感覚の美

　これからして私はこう断言する。視覚による美の感受（の状態）では、永続性との直接の連関は至難である、と。定命性による感覚で捉えられた受動的な世界感では、無終性は遠離的に、間遠的に表思されているだけである。逆に言えば、人間は限界的な可覧性なる（非妥当な）観界を実世界（真世界）として、近隣的に、間近的に実感する（つまり謬見を抱く）現向にある。やはりこのような非妥当な知覚では、永続性の本質は理解でき得ないため、必定的にそれに無関心になるか、もしくは、それから逸脱するか、などと言ったような不知の疎遠性が惹起されることになる。なおその状態が誘因となって或る偏執性を内生させることがある。それによって、すなわち誤謬と混乱を有する自己の可見が現実世界（妥当な現実）であるという偏執によって、世界の非滅性がより把握し難くなることは言うまでもない。

　こうして人間は独偏の感取によって諸対象の刺激を通じるかぎり、美の不朽性との疎遠化が進み、ゆえに閉塞の観界において急転的に不安定となることが顕示される。人間にとっての瞬刻の美の現出と消失、言い換えれば、一瞬、一瞬でそれが美であったり、それが美でなくなったり、むしろ醜となったりするような変様展開は無数に起こり得る。そうした変展に甘んじる者、つまり美の朽滅性との契機に乏少の者は、当然ながら滅尽性の諸美を感取するに留まる。そこに人間本性に基づく美的変展はないのである。

無論、私たちの考察はこの滞留実状ではない。そのため、感美の特徴についての詳細を論じることは控えたい。ここではそれを約言するだけに留める。すなわち（感情を含んだ）感美は、視覚美、感覚美（感性美）、感情美（情念美）、情動美、独見美、独偏美、受動美、刹那美、可変美などと同義である。なお感覚（視覚）は知覚の第一段階としての役割を担う。以上の簡略的説明で、感美の多面性の背景が多少でも表出されたと信じる。

　本節の結論として。人間は感覚に偏向するものである。しかし世界に触れて世界を実感することは生の基礎である。積極的に捉えるならば、この独見はやがて高遠なるものの実在を予感させる機会を有している。ところが人間の感覚とりわけ美に関しては視覚となるが、これだけを頼りに美を求めること、つまり生感や感美などの虜になって美を求めるだけでは、万人に一致した究極の美の理解にあずかれることはない、という結論に辿り着く。そうであるなら、そうした永遠無限なる美の実有性が人間の知性の普遍性によって現出される可能性があることを想定するかぎり、それを考察する必要がある。それゆえ、私たちは知性および知性の美の探究に移ることにしたい。

第6節　知性の美

　理想の知性は独界から解放する。だが人間は固有の可見に留まる感覚を主体とする現向にある、ゆえに大抵は理想から背馳する。独見や独偏の主体による観界に限定された静態は、無終の敷延に変様循環されることはない。
　一方で、人間は知覚の部面である知性を頼りに理想に向けて進展することができる。この推考について、なぜか、と私に問いたい者がいるなら、その前にこれまでの人間の歴史（人間社会の変転の事実）を多少でも振り返ってみてほしい。永存するものへの探討だけでなく、人間の尊厳や高貴などは、いかにして理念に即して表思され、保持されてきたのか、その答えは歴然としているであろう。
　ところで、人間の知性は広範な作用を有する。しかし知性には本務すなわち本機能（真機能）がある。つまり本質知こそが真知であるなら、それとは本質への改善性である。知性は最高段階である本質知に至るために、その本性に即して段階を経てより十全となっていく。知性はより純粋なものに向上変様することが必至なのである。こうした見解に基づき推究を進める。それに伴い、私としては知性認識なるものを三種に区別している、ということを次で説明したい。

第 1 章

　私の以前の著作[16]ではこのように述べた。すなわち「古今東西の主要な哲学者の教えに触れた結果、知性を〈心象〉、〈理知〉、〈観照〉に大別することが最良だと判断した」と。この分別は今現在でも有効である（効果がある）どころか、ますますそれこそが知性の真髄を悟る方途の発端であるかのように思われる。

　とはいえ、本論ではこれらの人間の知性あるいは認識の定義については、大略を述べるだけに留める。本論の主題は認識の徹底解明ではなく、あくまで美ならびに美自体だからである。そのうえ、私たちは美の根幹をなすものに向かって可能なかぎり他の問題を顧みずに少しずつ前進しているかと思われる。だからそれが事実なら、私たちは自身の歩みを緩めることは避けるべきであろう。

　まず第一段階の知性である心象（想像・表象）について。心象とは想像（想見）する知性のことである。つまりその思惟作用、たとえば着想・発想・創案などを契機に構想を展開させる知性のことである。

　次に第二段階の知性である理知（理性・明知）について。理知とは探究知性（探求知・求道知）のことである。もしくは、「普遍概念」または「共通概念」のことである[17]。そのため、それは普遍的秩序に基づいた真偽（正誤）の判断や善悪の判断の能力を有している。またそれは観照の端緒（観照の前段階）の認識として考えられる。

16　『創られざる善』67頁
17　さらには「常識概念」、「共同概念」と同義である。

第6節 知性の美

　最後に第三段階の知性である観照（観想）について。観照は本質知性（本質知）である。観照は本質を認識する知性のことである。つまり、観照は本質直観を通して永遠なる理想に参与するための最高知性である。

　ところで前節で述べたように、知覚という用語は、知性においても使用することがある。まず知覚の第一は、「感覚的な見ること」（visio sensibilis）すなわち「視覚（視力）」であった。そしてその第二は、「知性的な見ること」（visio intellectualis）すなわち「認識」である。

　さらに、その「認識（知性認識・知的認識）」としての知覚の或る二種においては妥当な思惟作用を有することから、すなわち理性認識と観照認識の作用のことを、「知解」する、「理解」する、「知認」する、「実観」する、などと言表すようにしている。なおこれらは特別な場合にかぎり、理性傾向の心象認識の思惟作用にも使用されることがあるだろう[18]。いずれにせよ、広義に感取が知覚と同義であるように、知解もまた知覚と同義なのである。

　そのうえ、知性認識の刺激のことを知性刺激と呼ぶ。そして知性刺激によって知性の美は生じる。この知性の美のことを「知美」と呼ぶ。だがそれぞれの知性の特徴を強調したい場合、心象においては「美想」または「美憶」などと呼び、理知においては「美理」または「美律」などと呼び、観照においては「美覚」または「美悟」などと呼ぶことがある。

18　心象の思惟作用の適当な新語については、第1章第7節46頁を参照。

それだけでなく知性認識を、感覚や感情の動向の知覚から区別するために、内的眼（内なる眼）として「心眼」と呼ぶことがある。この心眼の概念は多面性を有するものだが、とりわけここでは美について考察しているわけだから、それは「美の心眼」のことを意味する。だが本論では、美の心眼のことを単に（簡略して）心眼と語られるであろう。さらに焦点を絞ってみると、これは「美の知眼（智眼）」であることが知解されるであろう（やはり美に対する知性の眼であることは明白なのだから）。したがって、美の心眼は美の知眼と同義である。そして心眼と同様に、本論では美の知眼のことを単に（簡略して）「知眼」と呼ばれるであろう。

　他方、知性認識には感覚や感情よりのそれも含まれることに注意する必要がある。だがたとえ感覚や感情の傾向であっても、それが知性として思惟作用を生起している以上、それは知性として規定されるべきだと思われる。ともかくこれについては心象に該当するだろう。

　なお動向性（傾向性）に関しては、知性認識が本筋として機能しているため、多少の付加が求められる。すなわち知性の主導性・優先性について。活動力によって知性が主導・優先して展開している場合、もしくは知性よりの場合、「主導」または「優勢」などの用語を用いる。それだけでなく、妥当な知性または純正な知性に限定される場合、「真導」や「純導」と呼ばれる。これには他に「正導」や「制導」などがあるが、本論では省略する。

第6節 知性の美

したがって本論では、人間における知性全般の傾向性あるいは主導性・優先性については、「知性動向」、「知性主導」、「知性優勢」、「知性現向」、「知性主体」、そして「知性真導」、「知性純導」などとなる。

なおこれに伴い、三種の知性の特徴を強調したい場合、もしくはそれらを区別したい場合、以下のように呼ぶ（すなわち自明のことであるが、以下のように記する）。

まず、心象は「心象動向（想像動向）」、「心象主導（想像主導）」、「心象優勢（想像優勢）」、「心象現向（想像現向）」、「心象主体（想像主体）」などと呼ぶ。

さらに、理知（理性）傾向の心象（想像）あるいは理知的（理性的）心象（想像）に限定するならば、「理知動向（理性動向）の心象（想像）」、「理知主導（理性主導）の心象（想像）」、「理知優勢（理性優勢）の心象（想像）」、「理知現向（理性現向）の心象（想像）」、「理知主体（理性主体）の心象（想像）」などと呼ぶ。

次に、理知は「理知動向（理性動向）」、「理知主導（理性主導）」、「理知優勢（理性優勢）」、「理知現向（理性現向）」、「理知主体（理性主体）」、「理知真導（理性真導）」、「理知純導（理性純導）」などと呼ぶ。

最後に、観照は「観照動向（観想動向）」、「観照主導（観想主導）」、「観照優勢（観想優勢）」、「観照現向（観想現向）」、「観照主体（観想主体）」、「観照真導（観想真導）」、「観照純導（観想純導）」などと呼ぶ。

ここで知美について立ち返る。だが知美の特徴については、感美と同様に約言するだけに留めておきたい。

まず、心象の知美（心象美）は、第一知性の美、想像美、表象美、想見美、構想美、抽象美、象徴美、通念美、空想美、臆見美、想起美、記号美、美想、美描などと同義である。またこれを「像美」や「印美」などと呼ぶ。

次に、理知の知美（理知美）は、第二知性の美、理性美、明知美、普遍美、共通美、探究美（探究の美）・探求美（探求の美）、求道美（求道の美）、知慮美、学知美、指導美、正知美、能動美、美理、美律などと同義である。またこれを「秀美」や「崇美」などと呼ぶ。

最後に、観照の知美（観照美）は、第三知性の美、観想美、永遠美、不滅美、本質美、直観美、直覚美、直知美、英知美、知恵美、真知美、深知美（深智美）、最高美、美覚、美悟などと同義である。またこれを「粋美」や「精美」や「美妙」などと呼ぶ[19]。

以上の簡略的説明にて、三種の知美の輪郭が表れたものと信じる。それから前述したように、人間の精神とは、この世界を通した観念のことであった。ここで言われる世界とは自己の身体を含めた全存在を意味する。それゆえに、世界という現象を介して精神は展開している。つまり自己の身体の活動を通して自己の精神は展開している。

---

[19] これら像美・印美、秀美・崇美、粋美・精美・美妙などの新語は本論では殆ど使用されることはない。ただし知美の考察に有益であったため、覚書の意図として残しておいた。

第6節 知性の美

　人間精神はそれ自体が全く独立したものではなく、身体と合一している、または人間は精神と身体から成立している、ということだけで、ここでの説明は十分であろう。なお上記したことは、たとえ諸々の本質を直観する最高認識である観照であっても例外ではない。言い換えれば、このような知性においても世界ないし自己の身体を通じることは原則として避けられないのである。

　こうした次第で、すなわちこの世界を介した人間精神がより十全・純正の場合にかぎり、別言すれば、そのような精神が主勢（優勢）である場合にかぎり、その精神はより明確に世界を通して世界を知認することができる。

　このことは美性においても同様である。すなわち、世界あるいは自己の身体を通じて人間精神が快適性と健全性つまり美を捉える際、美の明確性はその精神作用に依拠していることになる。そしてこの明確性は、「鮮明性」と換言することができる。また真逆の展開の場合では、すなわち不明確性は、「不鮮明性」と換言することができる。

　これにより、美が弱く知覚されればされるほど、それだけ美が不鮮明になる、ということになる。そして反対に、美が強く知覚されればされるほど、それだけ美が鮮明になるのである。したがって、美が鮮明になればなるほど、美はそれだけより強く、より鮮明な美へと変様結合していく。このようにして知美の動勢は無制限に続く、鮮明な精神は最高度に鮮明な美の根源へと導かれるがゆえに。

本節のまとめとして。美しく澄んだ知眼は至純を捉える。知性の本的能力（真的能力）[20]は、その根源の本質へと上昇展開することである。明言するなら、鮮明な知性によって知解された美は、その根源である理想美に向けて進展していく。この知的行動は何ら特殊なものではない。それは全ての人間の本性からもたらされる。

---

20 本機能あるいは真機能と同義。

第7節　心象の美

　真理探究は人間本性の活動である。その活動に特別な思いを抱いているなら、或る共通性を想描することは難しいことではないだろう。それとは知性はその本性上、より真性に進展することができる、ということである。
　だが人間の知性は広範な機能を有している。その事実を知覚するかぎり、誤性を内有した知性が確認されるだろう。すなわち心象（想像、表象）である。この第一段階の知性なくして、現実に存在する人間の認識の展開が開始されることはあり得ない。実際、多くの人間は理性（理知）を主導とされていない。むしろ心象を主要な知性として動向している。多くの人間の知性は心象を中心として成立している、というこの事実からして、人間は理性の導きだけで生きることが困難であることを示す。
　ところで、私としては出来るだけ迂回を避けて一途を辿ることに努めている。だからといって、究極の美への近道など存在するはずもない。この思案が正しいかどうかはひとまず置いといて、第一認識としての心象について無視するわけにはいかない。しかもその事実は私の意を得るものでもある。したがって、心象による美の一端についてこれから触れられていくであろう。

あらためて、心象について。まず心象の代表的な特徴として。心象とは想描性・思描性を主体とした知覚のこと、または指導理性の劣勢（劣性）による意見なる知覚のこと、または感覚を通した欠損的（欠落的）・乱序的（錯綜的）な知覚のこと、または表徴（象徴、記号）の想出によって形成される知覚のことである。私は以前[21]、心象（想像・表象）の定義について少し記したが、これは私のなかで今でも有効な（効果がある）ため、これを活用することにしたい。それとは概ね以下のようなものである。なお冒頭は前節に述べたものと重複される。

　すなわち、心象とは想像（想見）する知性のことである。つまりその思惟作用、たとえば着想・発想・創案などを契機に構想を展開させる知性のことである。心象は抽象概念あるいは構想概念と同義であり、ゆえにそうした抽象構想の特質によって、独特（固有）の典型や通念などの概念を形成する。なお心象認識の思惟作用のことを、「想描」する、「思描」する、などと言表すようにしている。

　次に、この第一認識である心象は、他の知性（第二認識や第三認識）と比べて最も経験と感性を併有する傾向にある。つまり、心象は経験的知性（経験優先的知性）・感覚的知性（感覚優先的知性）の性質を内包し、かつそうした性質が顕著に現れ易い。したがって、心象は或る面において経験的認識・感覚的認識であると言えよう。

---

21 『創られざる善』（67 － 69 頁）

第7節 心象の美

　そして日常において、私たちは経験や感覚が虚偽性・誤謬性を孕んでいることを体験する。それは知性においては偽性（誤性）を内有する心象の展開によって確認される。言い換えれば、欠如性と混乱性などがその思惟作用に付随して想描しているためである。だから重要なのは、心象それ自体が虚偽・誤謬の元凶なのではない。つまり関係構成または意志作用による限定性・制限性に限定・制限され、その限定・制限の一定の範囲・限度を超えた場合、または不足性・毀損性の影響が大きい（強い）場合、さらに無用性・不要性（不必要性）を排除せずに、それをそのまま（余分なまま）精神に含む場合にかぎり、心象は誤謬を犯す、または混乱を招くのである。

　強調するが、心象（想像、表象）なるものは知性の一種である。この認識が諸々の欠点をもっていること、それでいて関係性によってはその潜在力（成長力）が発揮できる可能性があることを、私たちは理路を辿って把握することができる。そうであるなら、心象によっていかにして本論の主題である美を捉えることができるのか、これについての考察に移ることにしたい。

　とはいえ、ここで美における心象の思惟作用の全貌を明らかにするわけにはいかない。それゆえに、ここでは三種の問題についてだけ考察される。すなわち第一に、思為・思做による願意性・所望性の美について。第二に、美の膨延について。第三に、心象における未熟な理知性による美についてである。

第一に、心象作用における「思為」・「思做」について。しかしここでも思為・思做の全性質について考察することが出来ないため、美に関する主な部面についてだけ汲み取ることとなる。思為・思做における私的願望すなわち願意性・所望性がその徴表（特質）の一つとなる。別の見方をすれば、これは後述される美の膨延の一側面でもある。ともかく願意性・所望性によって、何かしらの事象を思描する際、それに対して（思うがままに）そのように心で受け取りたい、または（自分勝手に）そう思い込みたい、などの心情がこれに該当する。

　そもそも人間は或る事実からなる美的対象の妥当な判断よりも、その対象に対して、それはそうであってほしい、という根拠なき所見で編成された美象化を表現する傾向にある。大抵の場合、客観性または共通性に基づくことなく自己の思い込みのままに受け取りたい、あるいは望み通りに受け取りたい、という心的受動の美望化が先行するのである。思描の思為・思做による願意性・所望性が強力に動勢している、そのことの表れである。

　こうした非客観的な思為・思做からなる事態は、大衆において多く観察することができるのだが、そもそも人間には自由意志[22]が存在しないことから願意性・所望性もまた諸変様によって決定されている、などと踏み込ん

22　ちなみに、私はこれまで哲学者、神学者たちによって論じられてきた自由意志には懐疑的であり、全ては実体（本体）の内で実体（本体）の必然の摂理または因果関係によって（変様）展開されている、という決定論の立場にある。

第7節 心象の美

だことではなく、ただ単にそのような願意性・所望性においてそれに基づく美憶が現出される、ということである。つまり自分の好ましいものを想描（表象）することによって、それに然るべき美としての像美が生じる。さらに言えば、自分だけ（独りよがり）の心地よい世界を夢想することで、それに限定された美想が表思されるのである。なお想描の願意性・所望性によって変様展開された適美を「美象化」または「美望化」と呼ぶことがある。ついでながら、大衆はこうした美を好む現向にある。

第二に、心象の「膨延」（「美の想像膨延」）について。心象の膨延とは、或る表象または表象像が或る表象または表象像と受動結合し、新たな或る表象または表象像が受動構想され、そしてそれが無際限に膨らみ延びることである。それは願意性・所望性の動勢が剥脱された美象化の膨延性の一種として理解できる。これを厳密には「美の想像膨延」または単に「美の膨延」などと呼ぶ。

さて心象の想像力は受動の関係変様によって無際限に膨延されている。こうした思惟作用は、或る表現展開との変様結合によって新たな表現展開が現出される。自然の一部である人間の想像が無際限に、無秩序に膨大・増幅・膨張することを一自然現象として知認するかぎり、この留まることを知らない思惟展開の不完全性（より小なる動向）が明示される。その作用が不完全であればあるほど、それだけ美の本質を覆い隠すことになる。これは、

理知を基準にすれば非妥当な展開であることは自明である。やはり知性の真の思惟作用は、本質を見極めることにあるのだから。それゆえ、その根拠なき心象の思描の展開は、真性から遠退くことになる。心象の思惟作用の一端としての非妥当な展開、つまり非妥当に観念を増大、積大させることで、美の本髄はその作用の増幅によって不完全に認識されることになる。一つの対象観念に対して、複数の他の対象観念を結合させることは当然ながら観念に誤謬・混乱をもたらすのである。

　こうして諸々の知性において心象のみが、その膨大・増幅・膨張の混乱を引き起こす原因となる。そうした膨延の不純明の自覚がないかぎり、心象に従う者の精神はより不完全に展開し続ける。だがその想像膨延の自覚があるのなら、ようするに心象のそうした微表（特質）が心象に内有されていることを知認しているのなら、心象作用ならびに現実対象を、より純明に理解するであろう。

　これは知美においても同様である。心象に限れば、心象を主体とした美性は、その心象像（表象像）に応じて膨延される。ただしこれは後述されるが、心象の思惟作用だけでは美が秩序立つことはない。その美は普遍的に展開することはない。そうしたものを構成するには、人間の本性知性の思惟作用が必要となる。別言すれば、人間精神が理知に傾向していればいるほど、それはそれだけ能動的に秩序立ち、その美の認識は継続的になる。

しかしながら、心象の想像力は無際限に膨大・増幅・膨張していく、という思惟作用そのものに対する知覚によって、換言すれば、心象の無際限に、無秩序に膨延していく変様表現の奔流から、なおも美を見出すことができる。たとえそれが不規則なものであっても。とにかくこの乱序膨延に表現展開されている美想の事実、すなわち美の想像膨延は、非妥当な認識によって展開しているかぎり、第一段階の知性である心象が美に対して無辺の可能性を有している、と言えるのではないだろうか。そうであるなら、この意味に限定するかぎりにおいて、心象なるものは贈物・進物である、と価値付けることが出来なくはない。このような見方もあるものと思われる。

第三に、心象における未熟な理知性による美について。まず、第一段階の知性である心象における「不鮮明化」（「不昭瞭化」）の展開に応じて、美性はその心象の思惟作用に限定（制限）された範囲内において、すなわち限界内において描出される。反対に、心象における「鮮明化」（「昭瞭化」）の展開に応じて、美性はその心象の思惟作用に限定（制限）された範囲内において、すなわち限界内において描出される。それゆえに、心象における適美は、「未熟理性（未熟理知）」または「出芽理性（出芽理知）」・「発芽理性（発芽理知）」における「鮮明化」（「昭瞭化」）あるいは「不鮮明化」（「不昭瞭化」）と重なるところ（同意のところ）がある。言い換えれば、

心象には微弱な理知性を有するのである[23]。

とはいえ、心象の未熟理知性はその性質上、表出され易いものでない。心象はその想像的な思惟作用を本軸すなわち抽象概念または構想概念として表現展開している。ならば、その心象の本機能による感美によって世界源流の美を辿ることは可能なのだろうか。

それについて私はこう答える。私たちが心象の感美を受けて、その美しさに留まる際、私たちは実相としての美の源流を意識することはあり得ない。裏返せば、心象範囲において受動的な想像動向で表出されることなら可能である。やはり心象は知性であるため、その若干の思惟作用に基づき完全純粋本質知性を求めるものである。換言すれば、未熟な理知性の限界において、すなわち未熟段階の理知の探求性・求道性を含有しながらも、それが知性であるがゆえの真的能力に則して、（誤謬と混乱を孕む）心象は心象らしく、大体（大抵）は不確かに、不定に、そうした朽滅の知性と統合するために漠然と思惟展開しているのである。

23 この未発達な理性（理知）あるいは十分に理性（理知）の能力を発揮できていない、という精神状態に限定して、ここでそうしたことに関する顕著な問題を一つ取り上げておきたい。それとは、この第二段階の知性である理性の初期能力そのものにあるのではなく、その知性を見誤る者が後を絶たない、ということである。たとえば、「理性は脆弱（非力）だ」、「理性は役立たずだ」などと臆断する者たちは、もれなく理性の未熟段階を理性の全性能であると錯覚し、さらにその段階以上の性能を、すなわち理性の深奥かつ広範な能力を否定している。つまりそうした者たちは、もれなくこの知性の真髄に対して不識である。だからこそ、理性の本性を活用できずにいる。それゆえ、その者たちにとっては情念（負の感情）、感性、心象などの停滞依存から脱却することが難しい。いずれにせよ、そうした精神状態から知的進展はない。

第7節 心象の美

　繰り返すが、心象は誤性を内有している。しかしそのような心象ですらそれが知性であるかぎり、思惟作用を展開する。だからこそ、心象はその知性としての思惟作用に基づき、すなわち心象の本性作用だけでなく、その知性における出芽理知または発芽理知における探求・求道の作用によって導かれる。ところが、その探求性・求道性は、理知そのもののそれには及ばない。心象のそれは「理知の端緒」の作用に過ぎないのであるから。したがって、心象は内有された理知の下位機能としての思惟作用の展開、すなわち「心象における理知性」によって未熟ながらも理想の一端である究極の美を目指す一面を有している、ということになる[24]。これもまた美性である。

　ここで重要なのは、心象による思惟作用の発達性にも美は宿る、ということである。その美想または美憶は他の知美と同様、成長の美ないし知的養成の美を包含している。そしてこれを「知育の美」と呼んでいる。この知育の美は、一般的に述べるなら、それが好調に進歩すればするほど、それだけ気が弾むものでなければならない。

　実際、私たちは自身の知性の成長あるいは育成を愉しむことができる。たとえ心象に限定しても、それから生きた心地・現実観すなわち生解が現出される。それが

24　心象によって永遠真理を獲得することの欠陥性は明らかである。言い換えれば、心象それ自体は他の知性と比べても永遠真理への知的有益性に乏しい。しかしながら、その知性には未熟な理知性を有している。心象はそれが本性的に展開しているかぎり、その思惟作用の限界内において理想すなわち美そのものへと接近していく。

理知優勢の心象なら、その生解を伴って理想に近接するものである。このように、その展開に快適性・健全性が表思される。それゆえ、知育の美とは、意欲的（積極的）に、心躍的（楽観的）に自己の知性の（完成としての）将来を見通すことで発達展開していくのである。

つまるところ、心象それ自体の想像力・表象力のみによって、諸々の事象を明瞭判明に知解することはあり得ない。逆の見方をすれば、心象がより鮮明になればなるほど、その知性は（理知それ自体には及ばないものの）理知性からなる普遍性を増大させることは可能である。こうして心象の鮮明性の度合いによって、美性は限界を設けられながらも普遍性を強めることができるのである。

したがって、心象の思惟展開の先に無限界・非限界に属するところの普遍性、すなわち真正の普遍性あるいは精粋の普遍性を通した究極の美は見出し難い、ということが理解されよう。端的に言えば、そのような美は「表象的な見ること」(visio imaginaria) によって表思されることなどあり得ないだろう。そうであるなら、私たちが求めている究極の美は、他の知性によって発見されるかもしれない。ここで確かなのは、全てに共通した究極の美の十全認識について探究するかぎり、心象はその展開の役割を終えねばならない、ということである。ならば知性の発展変様によって、すなわち心象から理知に変展することで新たな役割を担うことになる。これこそが知性の真機能に準じた通有展開なのである。

第8節　美における醜

　醜は朽滅になし。それならば、醜は必滅にあるのだろうか。ともかく美の探究にあたり、その対極をなす醜について、すなわちおおよそは非普遍的な知覚、たとえば感覚や感情またはそうした動向にある心象などから生じる醜ならびに稀であるが普遍的な知覚である明知から生じる醜について、同じくその知性に基づき推考される必要があるだろう。こうして本節ではそれが主題となる。

　美の心奪者は、その見的動勢に従って変展していく。だが人間の適美には、誤謬と混乱を有するものが多い[25]。それは私たちが想像する以上に。そもそも人間の多くは自身の観界における美を疑うことなく称賛（賛美）し、醜を非難する。世間ではこの動勢に即して、自身の観界の表層にて生まれて間もない繊弱な美を装飾する。しかしながら、その行為は美の精華への無理解を証明するものである。やはりそれは、常識概念すなわち理知の真導に従う者によって虚飾であることを（容易に）看破される。

25　世間一般では、たとえば人間の色欲、物欲、権欲（権力欲）などの対象を快適・健全なもの、すなわち美しきものとする動向にある。社会において、多くがそのような変様表現・変様連結を妥当な美であると錯覚しているのが現状なのである。ところが理性に導かれている者からすれば、そうした美と想定されたものの考究からでは深美は見出せない、ということが理解される。

いずれにせよ、ここで私たちが求めている美、たとえば知眼による崇美あるいは粋美を考察する前に、今一度、美なるものとは何であり、それと対になる醜なるものとは何であるかについて確認しておくべきであろう。代表的なものとして、美は心身の健康すなわち正常活動に有益、有用な刺激あるいは影響である。もしくは、知覚的な刺激によって生じる健康促進・健康助長のことである。

　それゆえ前節（本章第2節）で定義したように、私たちの探究において、美とは「快適性・健全性」のことである。反対に、心身の健康すなわち正常活動に有害、有損、弊害（支障）な刺激または影響が醜である。換言すれば、醜とは「不快適性（不快性）・不健全性」または「快適性・健全性の欠如」すなわち「美の欠如」のことである。

　そのような醜を、人間は賦性的に擯斥するものである。この擯斥は醜なる展開への拒絶であると考えられる。誰しもが醜に対してそのようにするのは、当然と言えば当然である。その擯斥性とは、自己の活動力を維持するための生命活動の一種のことだからである。美に絞り込めば、この活動力は美得心となる。とにかく醜への抵抗は、生命活動として適切なものである。こうしたことから、醜を「抗拒」または「拒止」すること、「離隔」または「疎隔」することなどは、自己の生命の動勢を（より）促進させることになる。反対に、美から離隔または疎隔すること、醜と連関すること、醜によって阻喪することなどは、自己の生命の動勢を（より）抑制させるのである。

第8節 美における醜

　これからして、美を美として、あるいは醜を醜として知覚しているかぎり(逆に言えば、美を醜として、あるいは醜を美として知覚していないかぎり)において、美から背離する者や美を追求しない者がいるとするなら、その者の精神に何かしらの欠如があることになる[26]。言い換えれば、精神が非妥当な動勢にあることの表れなのである。前述したように、美は心身の健康すなわち正常活動に有益、有用な刺激あるいは影響のこと、もしくは、知覚的な刺激によって生じる健康促進・健康助長のことである。この定義と対極をなすのが醜なのであるから。

　不快適性(不快性)・不健全性ないし快適性・健全性の欠如である醜は、その基性に則って美と背反する。または醜は美に背馳するのである。たとえば或る変様展開の対極性として、美(の変様)が大であれば、醜(の変様)は小となり、また醜(の変様)が大であれば、美(の変様)は小となる。美の優効は醜の劣効として、反対に、醜の優効は美の劣効として現示されるのである。そこで仮に、或る人間の精神が醜を主体とした動向であるなら、変様減退ないし変様停滞していることを意味する。ところがそのような欠乏展開は人間本性と一致するものではない、ということが理知を通じて容易に理解されるであろう。

26　このことは自明である。善あるいは善いもの(良いもの)と同様、美あるいは美しいものに関心がない人間は存在しない。全ての人間が善き(良き)人生を望むように(あえて悪しき人生を望まないように)、全ての人間が美しい人生を望む、つまり快適・健全な人生を望む。

したがって、そうした精神は美において鮮明に展開していないことになる。換言すれば、精神において不鮮明な動勢が活発になっていることになる。もしくは前述したように、その精神に何かしらの欠如があることになる。

やはり精神が妥当に展開しているならば、その本性に即して醜を知認する。そのような普遍の精神から美を通じて醜を実観することは、世界秩序に基づき正当である。それゆえ、妥当な醜（真の観念による醜）は、妥当な美（真の観念による美）を通じて把握されなければならない。事実、妥当な精神は大いなる美に導かれ、その自己の合意からなる積極性によって諸々の美と照合一致する。それだけでなく、この美における精神は、醜への積極性として、すなわち醜であることを否定せずに享受し、進展していく、大いなる美の内のそれとして。こうして、妥当な精神は「美における醜」を描出させることになる。

ところで、人間は有限体（有限個体）である。つまり生滅変化するものである。そうした現様体（現様態）は必然の世界秩序における局部としての展開である。世界の展開が必然であると言われるとき、それは完全性を意味する。全くの欠如なき世界または十全な世界として把握されるのである。この見解は世界が美であることに直接に関係するのであるが、これについては後（第2章第6節など）で語られる。ここでは世界そのものが美であると仮定することで、そのような世界の展開において醜なるものが内表されている、ということを要言するに留める。

第 8 節 美における醜

　さて先ほどの人間についての見解、すなわち人間は世界秩序における局部としての変様展開である、ということを踏まえて次のように考察を続けたい。まず世界は人間のために在るのではない。もしくは世界は人間を主軸として展開しているのではない。知眼によって世界の実相を認識するかぎり、これは明白である。この事実によって世界における醜の基準があらわとなる。というのは、醜は世界の間接的、媒介的なものであるからだ。それは世界の局部である有限体を介して表現展開される。たとえそれが妥当なものであれ、非妥当なものであれ。別言すれば、大抵は世界の美的作用すなわち美放を見誤ることによって、または誤謬・混乱の知覚によって醜は描出されるのであるが、それだけでなく、明瞭判明の知覚によっても（妥当な知覚の醜として）描出される。ともかく人間に限定すれば、醜は人間なる可滅性の変様展開から表現されることになる。したがって、醜は可滅性のみに存する。逆に言えば、醜は不滅性に存することはあり得ない。

　永遠なる本体の表現の一端である世界の美。その絶えざる世界は美における醜の観念を有する。この世界秩序の美の展開において、そうしたものの生滅部分である人間に限定すれば、人間の観念によって不快適性・不健全性あるいは美の欠如である醜なるものとして変様展開される。これは美における醜の展開として、世界の生滅部分である人間の知覚を通じて美の本性展開から変様離隔・変様退行・変様後退している、というわけである。

このような美の内なる醜、すなわち世界の美の内で美の欠如として醜が表現されるかぎり、世界の美の内でそれ自体が独立した醜として展開することは不条理である。ゆえに醜は美の展開があってはじめて展開される。したがって、醜とは美における醜のことである[27]。

もしくは誤解を恐れずに言えば、醜は美である。または、醜なる美（醜としての美）である。これからして明瞭判明な知性認識によって表現される美における醜は、美の本性展開の一翼を担うものである。つまり本体の美なる必定表現において、醜もまたその有意の一端なのである。

本節の最後に。醜は美に内在する。醜は美の一面である。人間本体に即した知性すなわち明知によって世界を能動的に認識するかぎり[28]、醜は美の展開として肯定される。この美における知性の本性的な能動展開、言い換えれば、精神における諸々の受動すなわち隷属から解放された本性に基づく美の探求・求道の動勢は、第一表現者による究極の美に向けて妥当に進展していることと同意である。だがこうしたことについては次章に譲りたい。

---

27 醜の美、醜的美
28 ないしは、明知による世界への自発的または自主的な認識。

第 2 章

第2章

美しく有らしめる美の統観
永生なる美であることの美

世界は美しい
自身は美しい
これらは究極的に同じであろ
理想美において一致していろ

第2章

第1節　美への純真なる応答

　本章から究極の美について本格的に考察することになる。それにあたり、私は真理探究者の読者だけを望む。そして失礼を承知で、あなた方にこう確認しなくてはならない。すなわち語りえぬものについて沈黙してはならないことを。それを無かったことにしてはならないのだ。
　この世界には語ることのできないものが実在する。人間にとっての秘奥は秘奥として在り続ける。その疑おうとしても疑うことのできない神秘性は、〈能産的自然〉である創造本体によって、あらゆる〈所産的自然〉である創造表現体の能力を超越して永遠無限に展開している。だから世界の部分として限定された人間が実相の神髄を通観することなど不可能であろう。もしくは制限された能力を超えて神意（神慮）に基づく全貌を語ることなど不可能であろう。これについて隠さずに言えば、そうしたものの一端ですら語ろうとするにも困難を極める。
　この事実を、私たちは身に染みて理解しているに違いない。実際、その困難さは真誠の展開を閉塞させようとする。そうした峻険性から消極的に遠退く者が後を絶たない。このような秘奥への沈黙者が知恵の探求を断念し、放棄していることは容易に見て取れる。そのうえ、秘奥

への沈黙者であるかぎりは、解放性に乏しき偏狭な思考に陥り続けている。語りえぬものを語ることは無意味であると臆見している、このことがそれを証明している。

なお誤解のないように言うと、ここでは幽玄なる真理に対して小器である沈黙者たちの批判に充てたいのではない。むしろ私としては、その者たちが言語の限界は思考の限界として定めたことに、ある程度の同情の念を抱く。とにかく私が主張したいのは、そうした言語を超出した真実在に対して黙然とするのではなく、自己の本性のままに意思し続けることが必要であり、それは価値概念を創造表現することになり、ひいては人間精神を深化させる、ということなのである。

この玄奥への向上展開は、十全な知性によって表現される。ゆえに、永遠真理（aeterna veritas）への知的挑戦である、と換言することができる。そしてこの挑戦は、永遠真理を無限に表現している永遠原因（causa aeterna）との本質一致が究極目的となる。しかしながらこうした活動が、人間にとって至難であることは既に語られたところである。とはいえ、この挑戦は純真なものである。すでに私たちは、その先に永存の至純があることを見通している。私たちの精神の眼がそれを捉えている。このことが探究の前途がいかなるものであるかを開示する。

ところで全ての人間は、永遠原因に対して純真な関心を有する。人間は賦性的に、そうしたものが植え付けられているのである。そのため、その基性に則して生きるかぎ

り、永遠原因によって表現される世界の理想に上昇展開していく。もっとも人間精神がそのような永遠無限なるものを把握でき得る範囲においてすら、それは多面である。なおその内には美性の面を有している。人間がそうした多面性を表現する実有を求める以上、その一面である至純の美を求めることは何ら不思議ではない。否、むしろ美の性質上、すなわち美は即時一挙に表現されるものであるため、他の面よりも理想に進入し易いのだろう。

　いずれにせよ、人間は人間的な諸美の創造展開を介して、ようするに各々の性向からなる手段、方法などによって美の変様表現を図ることになる。だが誤解してならないのは、人間における美の創造は決して芸術家だけの特権ではない。――つまり（私が定義するものとは異なり[29]）世間一般では概ね、芸術家による表現とは各々の趣向や様式を通じた文化活動または生活充実の一環としての芸術的創作のこととされるが、――全ての人間の本性が創造の理想へと進展され得るのである。

　全ては美に魅せられる。誰も美を無視することはできない。誰も美に抵抗することはできない。美は現今（即今）の可覧性に実直・真直に進入してくる。その優効に基づき直接に表現展開されるものなのである。だからこそ、美は広範な意味を有する知覚の対象となる。この知認によって、人間の知覚を通して容易に多岐にわたって精神を刺激するだけでなく、精神における最重要な部分に照応す

29　『創られざる善』（74 － 75 頁）

ることも導出される。これからして、第二段階の知性である理知による美の探究は、精神の深奥に応答させる発端であることが明示される。ゆえに、この活動を「美の霊活」（「美的霊活」）と呼ぶことが可能であろう。誤解を恐れずにあえてそうした言葉を使用する理由がここにある。

　こうして理知（明知）における美の探究は、魂の美性の真意を見出す。そして理知からなる知的活動・知的行動によって、自己の精神は根幹から活発化される。もしくはそこから生解が表出される。いずれにせよ、この美の探究は、それと類似した美の対象によって自己の精神の永遠性を増大させていく。理知の真価は永遠なる実体（本体）の美の神髄の一致へ純導することにある。だからその知性ならびにそれに基づく活動は純真なのである。

　別の見方をすれば、そうした活動には、真剣、真面目、本気などの微表を有している。そうでなければ、いかなる美も十全に捉えることができない。つまり戯事、懈怠、遊惰、不真面目、冗談などといったものでは、美を得ることができないのである。これは私たちの経験によっても明白である。真剣（さ）は、或る対象に対して心から誠実であることの証である。そうした美の探究における誠実性によって、必然的に「美の美」または「美をもたらす美」を目指す。別言すれば、私たちが究極に志向するものが「美しく有らしめる美」であるからこそ、そうしたものに純真に導かれ進展することは探究知すなわち理知によってでなければならないのである。

さて前述したように、適美とは対象の美との好意適合のこと、つまり知覚を通じて美的変展することで描出される美の好適性のことである。これは、その大衆性または通俗性においては多種多様である、という見方が強い。

　しかしながら理知によるそれは、万人に一致するものでなければならない。付言するなら、感覚や感情による適美ないし感覚や感情に動向した心象による適美などとは異なり、共通概念（普遍概念）または共同概念である理知による適美は、至理において必定的に全てに通有した永存するものに到達しなければならない。

　こうして、理知の探究者は理想に真導されることになる。永遠の美は理想の一面である。それゆえ、理知の探究者は永遠の美に導かれることでもある。したがって、そのような探究者は真剣に永遠の美を是認する。言い換えれば、心眼を通じて永遠価値としての美自体に応答しているのである。こうした立場をとる者たちには、それらと有縁ある、または類縁する関係性によって進むべき正当な道がある。そのため、この絶えざる流動変化の内において、無縁・不縁の者たち、もしくは異縁の者たちの美の旅の安全を願い、私たちは私たちの旅をしよう。

第2節　美の現今性

　美の源泉を巡る旅。それは純真に心奪されることで表現された変様展開である。壮美なる思惟の純導のままに精粋一心に無際限の彼方へと進展することである。
　一方で、その深道は永遠なる広延性の創造表現によって絶対的に規定されている。つまり無計画に、野放図に広がる空間の如きものではなく、世界本体の神性すなわち本質である在延性ないし有延性の規則に基づき必定的に展開している。だから世界は無秩序ではない。それは不滅と可滅が織りなす完全な秩序としての動勢である。
　宇宙秩序としての全世界。その一端は定有として変状流動している。このことを、「常流定有」[30]と私は呼ぶ。この限定的な表現は、有限性（限りある存在すなわち定命性）の集合流転のこととして把握される。それゆえ、有限集合あるいは生滅総体（生命総体）として存立された変状流動、すなわち常流定有には人間も含まれる。
　さて、もし生滅変化する有機体としての人間において美が十全に知覚されるとするなら、つまり十全な知美を表現展開するなら、そうした絶えざる流動変化の内なる美射を介して、全てに共通した在常としての不滅性と

30　この美については次節で語られる。

関係一致することになる。なお、十全性は永遠の合理性に準拠するものである。このことに加えてさらに続けるなら、永存する基軸の美に則して、自身が非永存なる常流定有の美の一端として表現されていることへの十全な知覚（自覚）の展開は、その永存の原因に遡上することである。やはり例外なく、この世界では事物の結果は原因によって生起される。それゆえ結果が生じるには、当然ながら通有の根拠（原因）が必要とされなければならない。その根拠（原因）を探究知によって探究していくことで、最終的にそれが永遠なるものであることが知認される。

　そういう次第で、すなわち全てが永遠の原因に通じているならば、世界における間段なき流動変化態の局部としての人間にも、そうした原因による結果として不変なるものが内有関係されている、ということになる。これが事実であるなら、人間はこのような状況下にあるなかで、つまり有機体として変様展開しているなかで、ただ自己の不変の特質または知標に従えばよいだけではないだろうか。ところが、そこに至ることは容易でない。というのは、過動する世界とそれに内存される人間との関係性は、そう単純なものではないからである。それどころか、その関係性は無限の多様性を有している。たとえ一個体に限っても、無限に多くのものによって、無限に多くの関係性によって、無限に多くの変様がなされている——それゆえ、限界ある一個体が無限の多様性の全貌を把握することは不可能なのである——。

それでも本髄の道は見える。確かに人間は定命である。とはいえ、人間は世界の一部である。この事実に基づくかぎり、そうした現様体の内には世界本体から分給された永遠性を有していなければならない（分給的永遠性）。ようするに、人間は不滅性と可滅性が混在した定有なのである[31]。そうなると、人間は自己の不変性の源流に準拠することで、畢竟の変様一致の契機がもたらされることが開示される。これには無限の付随的多様性を通過して本性展開を主体として確定された背景がある。

　別言すれば、無数の関係性の過程を通り抜け、永遠なる理想への過程を真の過程とするなら、それを本道と定めた前途は無限の間道に分枝されている、すなわち理想への過程に付随した過程ないし理想から間接的な過程が無限にある、ということが明瞭判明に現出される——反対に、永遠性と合一でき得ない知覚であるかぎりは、そうした本道と間道とが不分別の過程にある——。この理想主体の展開は、理知の真導によって妥当であることが証明される。そしてこれは、絶えず過動する人間観念によって形成された美においても同様であ〔ろ〕。観念の妥当な動勢によって、〔略〕大道である、とい〔略〕

ともかく、観念の展開をなすのに必要なものは統一的な現実存在である。言い換えれば、存在総体なる世界の局部である私とその世界との関係性によって、観念は変様活動するのである。ここで観念とは何かについて、若干ながら触れておかなければならないだろう。まず代表的なものとして、観念とは精神における概念のことである。これについて少しだけ付け加えるなら、観念とは精神が思惟（思考）することによって形成展開される概念のことである。それゆえ、観念は（最初は）現実的有を対象とするものである。換言すれば、観念の（最初の）対象は、自己の身体を含めた現実存在なのである。しかしながら、人間身体には限界がある。すなわち、人間身体は有限性である。したがって、そうした可滅性の身体を介して、人間精神は変様展開しているのである。

　美について話を戻せば、美得心もまたそうした人間観念の動勢によって変様表現している。人間精神は有限の身体と結合傾向にあるとしても、もしくは、たとえそれの妥当性の度合いが低いものであっても、絶えざる世界展開における何かしらの美を知覚することができる。そして、美には必ず心奪（惑溺）ないしは収攬の作用が働いているものであった。とりわけそれは現今の対象との関係によって。言い換えれば、人間精神は世界または世界の一部としての自己を介して或る美的対象を捉える際、現今（即今）のそれらによって心奪されることになる。こうして美の働きに魅了されたものは今なる時間を意識

することで、つまり現今を通じることで、この世界において世界の一端なる自己の発現性の軸を見出すのである。

　しかしそうは言っても、誰しも過去の良い思い出（追憶）や未来への期待や希望などを美として感取することもあるだろう。ところが過去や未来への美、または世界の内なる現今より前や後における美の心奪は、現在の美の心奪よりも弱（小）への動勢に傾き易い。美が心奪の徴表（特質）を有する以上、美は現今に傾倒し易いのである。それゆえ、美による心奪の現今は過去や未来よりも強（大）の傾向であることになる。もちろん、過去や未来における連想ないし想念は、それが強（大）であればあるほど、それだけその現今の傾倒を減退させるだろう。

　このことは感覚や感情が主体となって展開される美だけではない。知性に関するそれも美である以上は、基本的に現今性が優効でなければならない。美の要性は現今（即今）と密接に関係し、傾倒し易い。構造的にそうした性向（性質）のままに変展する。ただしその変様状態は、知性の動勢が微弱になっていること、または知性が永遠性へ展開していないことなどが原則であるが。だがそれでは前述したことといささか矛盾するではないか、という意見が生じるかもしれない。これについて答えたい。

　それにはまず、現今性とは何かについて再度確認する必要がある。すなわち現今性あるいは即今性とは、今刻接思のこと、つまり流動変化における今を知覚したこと、またはそうした観念を有していることである。

ところで感覚（視覚）からなる感美は、現今において先行作用する動勢にある。つまりそうした知覚作用は、今的現在性を感取する傾向が強（大）なのである。感美は感覚（視覚）の刺激の大きさに応じて効果が異なるため、感覚（視覚）を通じて心身は即今的に刺激され、その刺激の度合いによっては、言い換えれば、それが主要または非純正であればあるほど、より不均衡（不公平）やより偏狭（偏頗）であったり、より刹那（一時）であったりする。こうした感覚作用（視覚作用）の刺激の誘勢性は、私たちの経験によって容易に明示される。

　他方、知美においては知性との刺激の度合いに応じて方向効果が異なる。それが明瞭判明な知性——明知と観想に限る知性——の場合、そのような知性を通じて心身は即今的に刺激されていた状態を保ちつつ、知性と永久結合が可能なものだけが残され、つまり実体の永遠性に淘汰された知性を変様表現させる。別言すれば、知美はそれの根幹となる知性が真価を発揮するなら、現今に有しながらも不変の根源へと導かれ、そしてそれに変様併合される。十全な思惟展開は最終的には直接に不変化するのである。こうしたことから、知性はそれが主要または純正であればあるほど、より均衡（公平）やより寛宏（不偏）であったり、より永久（永劫）であったりする、という思惟作用の刺激の優勢性が明示される。やはり私たちの知性作用が最大とまではいかないにしても、その作用がある程度の向上（高上）の段階で、つまり完成途上

の段階においてすら、そうした性向がその度合いに応じて発出されるからである。この事実が証明となる。またこのような性向は万人に該当する。そのため、知性の基性は不変・普遍なのである。

　こうして知性の主要性または純正性の程度に応じた知美によって、その本質に統合される。知性が主要・純正であればあるほど、それだけ知美の動勢を通じてその不変・普遍の形相と一致するのである。なお不変・普遍は「定常」・「通有」と換言できる。ともかくこのような知性を主体とした美の観念は、或る対象においてそれが美と見られるかぎり、その対象の魅力によって現今に留まろうとするも、やはり知性の思惟作用である以上、その主要性・純正性の動勢に準じて必定的に常流定有における現今性を超えようと展開し、そして実際に超える。知性の本性能力は、現今性を超過しているのだから。

　これからして、知美は次のように相対することになる。すなわち現今と定常（不変）とに。とはいえ、或る対象の美においてそれらは全く対極しながらも、全く別々に部分的に実観されるのではなく、可滅と不滅が一つに形成されたあるがままの変状過程として実観される。換言すれば、或る美に対して感覚や感情の動勢によって感取された現今性を知性は継承し、その動勢の本性（思惟作用の本性）のままに、かかる美の定常性・通有性と関係結合することになる。かくしてこのような真導の作用によって、世界の美を現今・定常のものとして知解される。

本節のまとめとして。美は現今（即今）の可覧に直接に進入してくるものである。それゆえ、美は基本的に現今性が先行されるものであった。しかし知性の動向に限定するかぎり、知性の真的能力の主要性・純正性に応じて美の現今性を継承しつつも超出する。これにより知性の本性展開による美理は、現今に留まることができないことになる。こうして知性、とりわけそれが明知であるなら──それは探究知であるため──、その必定作用によってより高次の美へと進展していく。

第3節　常流定有の美

第1項　誕生の美

　真理の源流への探究は全てに開放されている。それは通有でなければならない。事実、その活動は全てに共通した向上展開である。ところで、人間の探究知すなわち明知は普遍概念である。その各々の普遍概念はもれなく世界の普遍性と接続されている。言い換えれば、世界の必定なる普遍の思惟作用によって、個体の普遍概念は遍在表現されている。別の観点から見れば、世界の普遍表現の一端として、無限に存する普遍の分有展開によって無限に世界の普遍性を伝導している、ということである。

　そもそも世界において、無限に存する個体によって無限の仕方で普遍表現されることは、世界に規定された展開でなければならない。そうでなければ不条理である。だから無限に存する個体のそうした表現展開の全てが不統一に動勢することなく、世界の完全なる理法において統制されていることになる。それゆえ、世界本体からなる世界秩序は、その必然性に基づき「総有、合有、共用」された変様存在態として、つまりそのように総体化されている、ということが普遍概念を通して理解される。

これからして、世界本体による世界秩序の全関係性は普遍決定されたものである[32]。そして普遍概念に従えば、存在本体が変状した存在関係集合体は、その本体と絶対に類縁したものでなければならない。別言すれば、本体の表現本性からして、本体の変様としての全創造表現は、その本体と絶対に有縁ある存在総体であることになる。

本体とは決して無縁ではないこの存在総体の展開には、定命性の集合体すなわち生滅総体（生命総体）として存立された変状流動の動勢が見られる。ようするに存在総体の展開には、常流定有の展開が内含されている。ここで確認しておきたいのは、一定命性である個物の生成消滅の展開は、生滅総体の直接の部面であるということ。換言すれば、全ての個物の生命は生命総体における展開の一端として永劫に循環・再生しているのである。やはり普遍概念すなわち理知によって、常流定有が存在総体の本流としての無終性を枢要としているのではなく、そうした大いなる動勢における僅少の傍流としての有終性に過ぎないことが実観され得るであろう。このことを踏まえ、存在総体の内なる展開の一端である常流定有における生命誕生の美についての考察に入りたい。

---

[32] 誤解を恐れずに言えば、世界には大きく分けて関係二面性が、つまり本体とそれからなる全表現態（被造物）との垂直的変様関係性ならびに自己（なる事物）と他（の事物）との水平的変様関係性が認められるであろう。そうした関係性は因果として換言できるのだが、とにかく世界の因果を知解することができるなら、世界は本体による必然の創造表現であることが導出される。すなわち、本体によって全ては絶対に決定されていることが証明される。

さて、私たちが理知に導かれているかぎり、もしくは、私たちが負の感情に隷属されていないかぎり、何かしらの生命が誕生することで正の感情の喜心（喜び）や歓迎などが生じるであろう。妥当な知覚によって生解が表出され、この世界に誕生したものを心から祝う。それは紛れもなく知的行動から生じるものである。

　それと同時に、私たちは誕生に対する快適性・健全性を有する。すなわち生命の誕生による美を知覚することができる。もちろん、美の知覚は感覚や感情主体のものから知性主体のものまで様々である。とりわけ知性主体のそれは、生命あるいは誕生の神秘に対する尊重を伴っていると思われる。知美によるそれを「生命への恭敬」あるいは「誕生への恭敬」と呼ぶことができる。

　このような生命展開の一端である誕生なる現象から即座に美が生じ、即座に適美するであろう。もう少し踏み込むと、常流定有の一端から描出される生命の誕生によって、「隆美」（美性によって生じる心身の働きが活発になること、あるいは盛んになること）と「健美」（美性によって心身の働きが正常であること、または健康に有効であること）の傾向展開が増進される。反対に、負の感情が主要である場合は、そうした展開が減退される。それから誤解のないように付言すると、生命の誕生の知覚によって、隆美と健美以外の他の美面が表出されることもあるだろう。それゆえに、そうした他の美面の傾向が増進することもあるし、反対に減退することもある。

ともかく生命の誕生において、それへの感覚や感情主体の知覚によって諸々の心情が生じる。だが人間は、その生において苦難や労苦を味わうこともある。これは全ての人間が体験するため、本書で問題にすることではない。問題なのは、精神が基性に則していないかぎり、消極性に変様される現向にある、ということである。つまり変様した負の感情、たとえば、悲心（悲しみ）、憎心（憎しみ）、怖気（恐怖）などを指す。いずれのものも強力な捕縛性を有する。ゆえにこうした情念に支配された可見は貧小となる。単なる一面性や儚き一展開に過ぎないところを、全面性や恒久の一展開であるかのように錯覚させるほどに。これからして大抵、人間は負の感情に縛られ続ける。多くは利那性・可滅性に準じて生きる傾向にあるのだ。ついでに、多くはそうした管見に囚われていながら、心からその状況を望んではいないようである。

　他方、生命の展開においてそれが懸命・邁進であると知覚されたなら、心打つものがある。それは人間基準からして素晴らしい事象（出来事）に違いない。少なくとも初々しきものに対する適美の表出は、疑いようのない事実である。とりわけ知性主体による誕生の美、すなわち純正な知性によって常流定有の一端である誕生性が知解されることで表現された美律の動勢は客観化されている。言い換えれば、生命の始まりによって理性的に描出された知美はその基性に従って、すなわち探究性に基づき人知を超えた対象へ向かって普遍展開していくのである。

このことは二重の意味で尊い。一つめは誕生それ自体である。常流定有における生命が無数に存在し、無数に関係しながら展開している。理知によって、そのどれもがそれとして代用され得ないことが知解される。この生命は、あの生命と交代することは不可能である。各々は唯一無二の存在なのであるから。世界の必然において、一つの生命の誕生は人間の知恵を超越した現象である。ゆえにそれは霊妙としか言いようがない。またそうした諸々の生命との関係においてそれがいかなる体験であろうとも、唯一無二の体験である。この貴重な事実の認識によって適美が即様的に発現され、心奪されるのである。

　二つめは世界秩序の内なる常流定有の展開の一面としての誕生である。誕生がそうした展開の一翼を担うかぎり、これについては誕生と消滅の両面を一統して考察することが最良であると判断したため、後述されるだろう。

　いずれにせよ、誕生の美は明知によって普遍の対象となる。生命ならびにその誕生に対して心から敬うことはその事実の是認であるが、それは自己の生命誕生の事実へ、さらに世界の内なる生命展開全体へと拡大していく。そうした生命ないし誕生への積極的な心服、すなわち生命への恭敬から知性的適美が発現される。したがって、生命への恭敬によって生命の展開の一端である誕生の美が成立する。

第2項　消滅の美

　常流定有における消滅性。それは無数に存する定命の終焉を意味している。しかしながら世界の一定有の終焉は、再生の契機の一端でもある。新たな誕生の契機の一端なのである。ゆえに消滅は誕生と同様に尊い。

　そして消滅から美は描出される。ここで生命の消滅によって「隆美」と「格美」の傾向展開が増進（反対は減退）されることについて簡単に言及したい。まず隆美であるが、生命の消滅を知覚した際、自身もいずれ消滅することを予見する。このとき、多くは減退傾向にあるが、自己儚性（自身の儚さ）を、理知によって常流定有の循環性・再生性の知解を通じて是認することで、世界の限りある命の生滅動勢を尊び、自身がその一端としての大局的な観念を伴って精一杯生きようと努力するだろう。そのかぎり、心身の働きが活発に（盛んに）なるだろう。

　次に格美であるが、生命の消滅において常流定有の循環性・再生性の知解を通じて心身の働きが正格になるだろう、または正しく本性と合致するだろう。無論、生命の消滅の知覚によって、隆美と格美以外の他の美面が表出されることもあるだろう。それゆえに、他の美面の傾向が増進することもあるし、反対に減退することもある。

第3節 常流定有の美　第2項 消滅の美

　そもそも人間は受動傾向である。生命の消滅の知覚によって、人間はその関係性に応じて諸々の感情が喚起される。たとえば、或る対象を愛することで、その対象の消滅によって悲心や落胆などが生じるであろう。反対に、或る対象を憎むことで、その対象の消滅によって喜心や痛快などが生じるであろう。いずれの反応、刺激も理知を主体とした精神によって表現されるものではない。

　他方、理知に従うことによって、生命消滅の知覚から瞬時に無常なるものをもたらす。この無常を「流常」と、私は呼び変える。そして流常の儚性（儚さ）、すなわち儚現性は、常流定有の循環性・再生性の知解を通じて生命への恭敬と関係変様する。それゆえ、消滅の美には繊細な感情的（感傷的）知覚から描出される散り際の美しさ、つまり俗に言う滅びの美学のような刹那性の情美だけでなく、知性認識による芯があるもの、すなわち永劫性のそれも存在するのである。これは理知を基準にすれば尊い。こうした生命活動の一端である消滅の神秘に対する尊重なる意思を、私は「消滅への恭敬」と呼ぶ。

　さて世界における常流定有は、生成消滅の展開を絶えず繰り返すものであった。この流常のことを「非在常」あるいは「非常在」とも呼ぶ。これに対して、非在常において非在常に有らずして不断に存在し続けるもの、すなわち流常における永劫性に属するものを「在常」あるいは「常在」と呼ぶ。

そうした在常の知覚によって、或る生命の消滅は世界の一展開すなわち世界の永続的な循環性・再生性の部面として達観されることになる。この見解は感覚や感情を主体とした知覚では生じ得ない。やはり妥当な知性によってもたらされる。そしてそのような知性によって世界が全有であることを認識することで、更なる認識が変状される。すなわち生命の消滅は無空ではないこと、換言すれば、有である世界には自立した無は実在しないことの知解が生起される。実在界において有が無になるということはあれども、無そのものは存在しないのである。

こうした内容は前作[33]で表現したため、私としてはここでは省略することにしたい。ただし若干でもそのことに触れなければならないとすれば、私は以下のように簡単に述べるであろう。すなわち、無とは有の内に存するものである、と。このことから、無とは非存在のことである。言い換えれば、存在の否定のことである。

そのため、生命の消滅とは、生命総体の部面である一定命性としての個物の生命の存在がその任を果たすこと（任を全うすること）、すなわちその生命の存在が退任されることである。そして否定された個物の質料要素の部分は、世界の存在性に還ることになる。別言すれば、世界の一端としての非在常の全ては、世界への物質的回帰（物質的世界回帰）がなされるのである。だから全有の世界である存在総体における無化は、そうした存在総体に

---

33 『風紋哀詩』

おける再利用・再適応なる変様展開を意味する。それゆえ、非在常である生命が消滅化すれば全く何も無くなる、などということはこの全有秩序ではあり得ないのである。このような意識を伴って「消滅への恭順」は展開される。

　こうして誕生への恭敬と同様、消滅への恭敬からも知性的適美が発現される。したがって、生命への恭敬によって生命展開の一端である消滅の美が成立するのである。

第3項　一回性の美

　連綿と続く生と死の動勢。すなわち誕生と消滅が混在した常流定有。無限に多くの生命の活動が無限の関係性によって変様展開している。しかしながら常流定有は、世界の僅かな局部性に過ぎない。存在総体なる世界の展開を明瞭判明に捉えたなら、その主軸は不滅性であり、それに付帯するのが可滅性であることが理解されよう。

　ところが現状では、大衆の殆どは有限集合である生滅総体（生命総体）、つまり生成消滅の世界を、世界の全体として錯覚する傾向にある。世界を知覚する際、常流定有へ焦点を絞れば絞るほど、または焦点を狭めれば狭めるほど、その動向は高まる。人間精神は不知ないしは脆弱であるがゆえに、不明瞭不判明な見的動勢に、もしくは独偏に変展し易いことがその理由の一つである。

　これに対して（非妥当な知性ではなく）、妥当な知性すなわち理知に純導され本性と一致している場合はどうだろうか。明らかである。精神はその動勢が主体・主要であるかぎり、またはその動勢が増大すればするほど、それだけ普遍的に世界を通観するであろう。あるいは、より妥当に世界を表現するであろう。

繰り返すが、人間の精神とは、この世界を通した観念のことである。世界は自己の身体を含めた全存在を意味するものであった。ゆえに世界という現象を介して私たちの精神は変展していく。それはすなわち世界あるいは自然を創造表現するのである。その活動は必然の下から逸脱することは決してあり得ない。永遠の必至において、全ての存在は制約されているのだから。

　しかしその制約は知性の限界を表現するものではない。むしろ逆である。世界の必然性との照合一致によって、認識は無限に純正化されるのである。そのため、美に限って言えば、必然性に則して視座を高めることによって、純真な快適性・健全性すなわち美が描出される。付け加えるなら、そうした眺望によって美の主要な諸面、たとえば「快美」の傾向展開の増進が中心となり、「隆美」、「健美」、「格美」の展開（各々の適美に応じて）の増進が正当に描出されることになる。当然ながら他の編成も考えられるが、おそらくこれが主流となるであろう。

　こうして、無限に多くの生命活動による無限の関係変様の事実によって「生滅変化への恭順」が生じる。そしてその神秘による尊重は、やはり明知によって表現される。この知性によって、そうした存在総体の絶えざる流転展開の部面を普遍的に知解することで、存在の必至性が抽出されるのである。その因果決定を伴う観念は、遍在性を主体として対象と照合一致する。このかぎり、自然現象（姿）が忠実に再現されることとなる。それゆえ、

生命への恭敬によって世界の内なる生成消滅すなわち常流定有の展開の美が共通的・確定的に成立するのである。

　さて、更なる彼方を知覚する時宜を得た。常流定有の展開を世界展開の主軸として表象することは、永遠真理において今や殆ど無益であろう。私たちはこのことを実観している。そこで世界全体を壮大な久遠の姿の一端として意思することが前提条件となる。私たちは美を通じて昇華していくことを企てることになる。無終の適美が、存在の永遠なる原型すなわち美自体へ誘うからである。

　私たちは世界の流動性を壮観する。その際、必然の流れから「世界（自然）の絶対的不同性」についての認識へと深まっていく。すなわち、断続性・間欠性なき世界における万物流転に、二回性、三回性など存在しないことを。つまり同じ世界が二度、三度などと繰り返し創造展開されることは決してありえない。それゆえ、世界のそれは一回性である。言い換えれば、各々が異なって表現された世界あるいは全宇宙は一回性なのである。

　全宇宙は永遠無限に一回性の変様展開である。全宇宙を構成する各々のものが、各々の仕方で無限に関係し、各々の仕方で無限に変様しながら絶えず表現展開している。実体の最高完全性によって、全宇宙は完全な独自性をもって創造される。このように無限に存在する一回性の宇宙は、実体ないし本体によって、その秩序内で絶えず変様展開しながら、各々が独自の表現として、すなわち各々が万物流転としての一回性の表現として永遠に再

生し続けるのである。したがって、この一回性が本体における全宇宙の永遠なる姿として表現されたところの普遍摂理の一面であることが導出される。

　永遠摂理によって統制された存在総体すなわち宇宙は無限に存在している。そして全宇宙は無窮に誕生と終焉を繰り返す。全宇宙は一回性の表現として絶えず循環している（当然、私たちがいるこの宇宙も同様である）。宇宙の劫波(アイオーン)すなわち宇宙時代の原初へ意識を向けると、充満された新鮮な美の動勢力を想到する。宇宙の拡張と共に美は隆盛する。この宇宙における生成消滅する有限性は、そうした美の繁栄をみることができる。それも有限性の奥には悠久性・恒常性の実在が想出されるであろう。

　悠久性・恒常性の美は、有限性の美を閃光させる。その一瞬の輝きはある種の無情を感じさせるかもしれないが、実はそうではなく、有限性の流転の美しさを現示させるものである。つまりそれは、宇宙における誕生と消滅を永劫展開させるところの美なのである。悠久・恒常の下で無限に存在する宇宙は、その各々が無窮に循環し、そうした存在態の展開からなる快適性・健全性すなわち美を直ちに表出させ、そして私たちを祝福してくれる。こうして私たちは美を通して心躍る。それゆえに、この宇宙の一部として悠久・恒常なる美を想望する。その動勢の本髄は宇宙に存在すると同時に、私たちの内にも存在するものである。確かに、世界を美しいと思えるのは、美の眼福を得た知性としての魂によってであるから。

まとめとして。常流定有の知覚によってそれ特有の美が描出され、そしてそれが妥当であればあるほど、それだけ純正化されていく。このような美に対する知覚の完全性に応じて虚無は排除されていくことになる。その際、産̇ま̇れ̇て̇生̇き̇て̇死̇ぬ̇る̇、ことに私たちは納得するだろう。世界は無価値ではないことが確信されるのである。

　有価値の世界に、個体（個物）なるものは戻る。個体性は、やがてそれとしては存在しなくなり、世界本体の必然の表現である世界の部分として帰還する。かくして一切の個体は、世界秩序に則って世界に融和するのである。この世界秩序の必至の循環性、すなわち存在の可滅性は可滅性へ、不滅性は不滅性へと変様循環される世界機能のことを、私は世界回帰と呼ぶ。なおそれが個体の消滅によって残存する物質性に限っては、すなわち存在総体の非常在である個体の物質性の再利用・再適応なる変様展開が強調される際には、物質的世界回帰（世界への物質的回帰）と呼び、一応の区別をつけている。

　いずれにせよ、全てがやがて世界に遍化されるのであれば、自己は自己のものではない、ということになる。これは個物の全ては世界からの借̇物̇であることを表している。別言すれば、全ての現様体（現様態）はその本体のものである。このことは美性においても同様である。

第4節　現態化の美

　秩序展開の内で無限の仕方で無限に存在する変様態。それは世界（宇宙）の相として表出される。繰り返すが、世界とは存在総体のことである。ところで、理知による存在総体の在常の普遍性の妥当な探究によって、永遠なる本体の実在性へと導かれるであろう。そうなると、その普遍概念によって永遠なる存在本体の表現的本質または表現的能力から無限の変様存在が必然的に産出されている、という一つの真理を有することになる。

　こうして理知に十全に導かれるかぎり、存在本体は自己の表現である存在総体によって影響されることのない絶対なる自由原因として知解される。言い換えれば、唯一の存在本体は自己の内なる作品（全集）としての存在総体から何ら影響を受けることはないが、しかし存在本体の内では、そうした存在総体が永続的に変様展開しているのである。つまり変様展開として、絶えず関係し合い、刺激し合い、変化し合っている、ということになる。

　いずれにせよ、このように関係変様している世界には世界本体が有すると考えられるかぎり、世界はそうした実有の能力（本質）に絶対に則するものでなければならない。直接的（無媒介的）であれ、間接的（媒介的）であれ、

世界における唯一の最高完全者の展開は、それを構成する永遠無限の能力すなわち神性に属するのである[34]。そしてその最高完全なる本体を構成している諸能力の一つである思惟原型（絶対知性）によって、本体の現様態としての人間は、その一面を通じても——直接的（無媒介的）であれ、間接的（媒介的）であれ——、世界は必然かつ完全に生起されていることが理解され得る。

さて本体の永遠無限の能力の一つから、つまり永遠無限に存在する本質の一面から変状化された世界の部分性は認識され得るであろう。すなわち、本体の本質の一面である広延性を特定の仕方によって表現されたところの所産変状、言い換えれば、現様変状（現態変状）あるいは現変様（現変状）もしくは現様化（現態化）のこと、さらには世界変様（世界変状）のことである[35]。

ところで、一回性なる世界の局部の展開である常流定有の展開には、現様体（現様態）である人間身体の展開も内包されている。そのうえ自明のことであるが、人間身体には限界がある。つまりそれは有限性である。換言すれば、人間身体としての有限性は本体の広延の変状化した表現である。そうした世界物質化の局部としての有終身体の展開性も世界の展開性なのである。

---

[34] 本体の永遠無限なる本質または能力は、唯一の自由原因として、すなわち自己の本性の必然性のみによって絶対に存するものでなければならない。
[35] 唯一の実体(本体)を「能産的自然」とし、それ以外の全存在を「所産的自然」と規定するかぎり、所産変状（所産変様）とは実体の世界変状化すなわち現態化（現様化）のことである。

第4節 現態化の美

　このことは人間精神も同様である。人間精神は可滅性の身体を介して変様展開している。とはいえ、人間精神の展開性は思惟原型における世界の展開性の局部である。すなわち人間精神は間接的に思惟原型からなる。ゆえに人間精神には「純粋精神・純粋観念・純粋知性」が根差している。理路に即せば、人間精神は不滅性を有することになる。ともかく、(人間)精神の不滅性は(人間)精神の形相である。このように語られる際、それは(人間の)形相的本質を指すであろう。なぜなら、これは本体の永遠なる観念に内包されているからである。つまり永遠なる本体によって、それは(永遠に)観念的に存在するのである。別言すれば、本体における知性によって、観念的に人間の形相的本質は永遠に保存されている。だが現様体の一部である人間の本質だけが保存されるのは不条理である。ゆえに本体の全表現がそのようにされなければならない。したがって、全ての本質は永遠であることになる。

　ここで美についての考察に移る必要がある。現態化の現象が美性を描出しているからである。否、現態化そのものもまた美だからである。まず本体の本質の特定なる表現としての現態化であるが、これを知覚することによって自己の身体が本体の永遠無限の表現の一端である、ということに今や私たちは納得するであろう。自己の身体の運動展開だけでなく、その本質を認識することによって、自己の身体ならびにその本質の起源の有を確信する。こうした本体の能力による現変状なる表現の知覚によっ

て、すなわち自己がその本体における表現展開の局部の現態化であることの認識によって、快適性・健全性つまり美が生じる。端的に言えば、世界変様による普遍性の知覚によって知美が生じるのである。

とりわけ世界本体における絶対の活動を知覚することで描出される美は、定常するものである。これが意味するところは、定命存在である人間の美得心（活動力）の完全性へと動向する本性展開に基づき、その完全性の終極である本体の絶対完全性の表現の妥当な認識によって、それに併合統括される。この美は永遠無限に表現されるものとして変様するのである。それゆえ、その美は本体の観念からもたらされるかぎり、不朽なのである。本体の永遠性・無限性は最高度の展開力を有することから、これを妥当に知覚すればするほど、それだけその力能に導かれることになる。したがって可滅性の美は、能動的に本性動勢するかぎり、不滅性の美へと向上変様あるいは発展変様していく。美性はその本性に基づくかぎり、より大なる美へと向上・美化していく価値なのである[36]。

事実、美は世界にとっての普遍価値の一つとして取り扱われるものでなければならない。私たちが共通して知解されるところのそうした価値については、次節でもう少し詳しく語られるであろう。

---

36 これは善性も同様である。普遍本性の能動的動勢によって、より大なる善へと向上・善化していく（併合統括される）。これからして、善性は世界における普遍の価値の一つである。

第5節　〈真善美愛〉の美

第1項　世界価値の美

　世俗における諸々の価値は魅惑にある。そのような諸価値は、世界の制限内において各様的な偶然性のものである。何を重視し、何を評価するか、それはそれぞれの限定性向によって異なっている。すなわち有限存在（定命存在）の各々が独自の価値感を受動変様されている（なお、こうした受動変様を受動偶有と換言することができる）。

　ところが、世界は有限性の受動的な世俗価値だけで展開されているわけではない。このことは自明である。世界の展開を理知の能動優勢によって至理に大観するなら、そうした究理すなわち知恵の探究からなる世界観によってこの世界の常在には普遍価値がある、ということが知解されるであろう。これにより、そのような価値は永遠真理に則していることが必然的に導出される。

　ところで、哲学とは「知恵の探究（探求）」のことである。つまり哲学とは永遠真理を愛求する学のことである。ゆえに哲学にとっての価値とは永遠真理のこと、ならびに永遠真理に属するところのもののことである。別言すれば、理路を辿る全ての人間にとっての価値は、永遠の

普遍価値でなければならない。そして全ての人間がこのような価値に対する認識によって、内なる普遍美あるいは普遍の内美を自覚することになるだろう。しかしながら、この美については次節で語られる。ここでは次のことを考察してみたい。すなわち、世界に永遠の価値が存することの知覚によって、それと普遍一致する快適性・健全性すなわち美が描出されるということを。

さて私は前章[37]において、美とは価値の快適性・価値の健全性のこと、あるいは価値の快適性または価値の健全性のことである、と述べた。ここでそのことについて簡単に説明しておく必要があるだろう。

まず価値なるものは、大まかに言えば、意思や意志と直接に変様関係している。それは精神の活動によって、積極的に意義を認められたものでなければならない。言い換えれば、人間精神における関心（性）あるいは志向（性）によって価値は照出される。これは美における価値すなわち価値の快適性・価値の健全性も同様である。

いずれにせよ、ここではあえて知標に従うことを必要とせず、一般的な意味だけでは捉え難いものがあるにせよ、概ね世間一般で言われるところの価値には「有用性」や「重要性」や「怙恃性」などの概念を含んでいる。おそらくそのような意味合いは全くの的外れではないだろうし、実際のところ、私も時宜に応じてはそうした意味合いで使用することがある。

---

[37] 第1章第2節16頁

それはそうと、大衆は真理探究を敬遠したがる。そのため、大衆は真理探究を妨げるもの、真理探究に反対するものを価値と定める傾向にある。たとえば古来、快楽、富や地位、名誉などを価値とされてきた。だがそうしたもの、すなわち「通念価値」または「世俗価値」または「俗衆価値」などは、真理探究にとっては「偽の価値（偽価値、偽的価値）」または「無益価値」などとして規定される。なぜなら永遠真理を探究するかぎり、そうした価値の妄執は、おしなべて儚く虚しい行為だからである。実際のところ真理探究に準拠するなら、通念価値の渇求によって永遠真理から遠退くことが知認される。

　ならば真理探究者にとっての価値とは何か。それは永遠真理（の表現）にある。つまり永遠真理の必然性と一致した普遍表現のことである。こうしたものが真理探究者の価値となるのである。したがって、真理探究における「真の価値（真価値、真的価値）」とは、「普遍価値」または「共通価値」または「世界価値」などとして規定される。

　そして、真価値の範型すなわち真価値そのものは、「永遠価値」または「不朽価値」または「永存価値」などとして規定される。これは直接に本体から創造表現されている。そのため、永遠価値からなる世界価値も永遠性を分有している。ともかく世界価値とは、〈真善美愛〉のことである。こうした価値とは、世界本体である永遠原因に則した必然の具現性を帯びたものである。なお、私はこれ以外の価値の源泉への道程を知らない。

これまで私は（私の諸著書で）、共通価値もしくは永存価値としての「真」[38]、「善」、「美」、「愛」を〈真善美愛〉と度々重ねて述べたことがある。そのかぎりにおいて、それらは究竟において同一有様（一様）である。別言すれば、それらを一組として規定する際は、本体の内で本体の永遠無限なる直接様態（無媒介様態）の多面性を表現するものである。ゆえに〈真善美愛〉の範型は、最終的には本体によって全て一であり、同格のものである。つまりそれらは全て同一有様に第一原因に帰せられるのである。こうして本体の観念において、真は究極的には善であり、美であり、愛である。同様に、善すなわち完全は究極的には真であり、美であり、愛である。美もまた究極的には真であり、善であり、愛である。そして愛もまた究極的には真であり、善であり、美なのである。

　こうしたことが適当であるという前提で考察を続けるなら、世界本体の観念は多面性を有するがゆえに、その観念の内なるそれぞれの側面すなわち〈真善美愛〉のいずれかを、または世界本体とそれからなる世界総体の創造展開の真相すなわち実相の側面を真正思惟によって適合変様することによって、そうした側面が洞見表現されるであろう。それゆえ、このような価値は全ての人間の観念に本来的に刻まれていることになる。私たちはこのように認識することができる。

---

[38] 真理、真正、正真

もう少し踏み込むなら、人間は世界秩序の理法に準じて変様存在しているかぎり、人間の内にも理路に即した共通価値を有していなければならない。事実そうであろう。言い換えれば、人間の内においても〈真善美愛〉は普遍展開されている、ということが理知によって証明される。見方によれば、世界本体の観念は全世界の無限の観念を分有表現している、ということになるのである。

　このような見解からなる存在論[39]は、語弊を生むかもしれないが、世界本体ならびにそれからなる全世界との関係において不断なる魂の絆があることを告白するものである。実際、世界本体の観念としての〈真善美愛〉の根源と関係一致し、それが不屈の世界価値として輝いていることを、人間は本性に基づき把握することができる。

39　第一哲学、形而上学

第2章

第2項　永遠の内美

　世界は諸価値を表現展開している。人間はそうした世界の一部である。それゆえ、人間の内にも世界価値を宿している。つまり人間は各々の独自性を介して、世界の〈真善美愛〉を共有しているのである。これに関係して、人間精神には普遍概念が内有されている。したがって、人間は普遍的に〈真善美愛〉を知覚することができる。

　このことは美だけに限定しても同様である。すなわち、人間はその要性において、〈真善美愛〉の一面である美性を普遍的に表出されなければならない。より厳密に言えば、本体の創造原型なる第一範型から直接変様（無媒介変様）された美自体すなわち美の範型（範型的原理）から、さらに（間接的に、媒介的に）変様された美の範型の範型（変様範型）が存在すること、ようするに十全な精神によってそれが妥当な美であることを理解するための共通性が人間には植え込まれていなければならないのである。

　私は本論において、この各々の「内なる普遍美」あるいは「普遍の内美」のこと、ならびに自身のそれに対する自身の十全な観念あるいは十全な知性による適美のこと、さらに自身の十全な精神からなる自身の独自性を通じた共通美の意識（自己意識）あるいは自覚のことを、

短縮して「内美」と呼ぶ[40]。

　この内美は、たとえ自己の心身が不安定な状態であっても、身体の動勢が減少していたとしても、それ自体は不易に内在し続ける——その美力が変動することなく、ただ美性を有する者の心身の動勢が何かしらの刺激によってそうなるだけである——。というのも、ここでの内美は感覚や感情または感覚や感情に動向した心象知（想像知）によって表現されるものではなく、人間本性が主体・主要となって展開される普遍知である理知や本質知である観照によって表現されたものを意味するために。

　そのうえ、内美には世界本体とそれからなる世界総体の創造展開の認識を通して、自身がそうした世界の美の一端であることの意識または自覚を有していなければならない。そうでなければ、その美は十全な観念あるいは十全な知性から内現されていないことになる。だがそれは不条理である。そのため、人間は十全な精神による独自性を介する内美によって美の源泉へ進展していくことが条理である。そしてこれには（本性的傾向性による愛の機会としての）類似性が機能している。すなわち、自己の内美と類似した世界の諸々の美性との一致ないしは交接の表現に努める。この関係変様は、究極なる実有に接近するための必然的動勢が主性あるいは要性である。別言すれば、この展開の究極目的は永遠性の本源なのである。

40　私の新語としての「内美」は、本来的には妥当な知覚による適美だけでなく、非妥当な知覚によるそれも含まれる。しかし本論では妥当な知覚からなる「内なる普遍美」または「普遍の内美」に限定して、この用語は使用される。

ところで真価値それ自体は永遠価値であった。言い換えれば、〈真善美愛〉の範型は、本体から直接に創造表現されるものである。そして本体の特性の一つは永遠性である。(当然のことながら) 世界の永遠性は、有限性または時間性から支配されることなく表現展開している。

　美に限定すれば、永遠の美は美自体として描出される。そうした美と直結 (直接結合) することが終極目的 (究極目的) となる。それは内なる普遍本性に基づく必然の変様展開である。このことから、内美は世界の永遠なる普遍性と、そうしたものから変様された個体独自の普遍概念 (普遍性) と一致することで普遍再現として表現された内なる能動美のことでもある。ここで「能動」と述べたのは、内的受動に支配されることなく、その受動性と変様併合しない明瞭判明な精神を主体に究極の美との変様併合のために展開するからである。この能動展開は必定である。これからして個体の十全な内美は、無限に存在する十全な能動知性によって構成された理想の美の一端を担っていることになる。それゆえ、これまでの美理または美律を通した考察によって明らかだが、内なる普遍美も世界の美であるため、その基性も永遠なのである。

　こうして人間には永遠性が内与されていることが導出される。厳密には人間の存在性が永遠であるというよりも、世界の永遠性が世界本体の一特性として表現されるかぎり、世界の局部である有限体 (定命性) としての人間にも永遠性が分与されている、ということなのである。

ここで永遠性について簡単に説明しておきたい。代表的なものとして、永遠性とは永遠なものの定義によって必然的に生じるところの存在そのもののことである。確かに、永遠性は時間性に決して制限されることがない。ゆえに時間の流動性・過動性・通動性、つまり時間の流れを必然的に超越したものなのである。このことにより、永遠性は時間に規定されないばかりか、時間とは全く無関係なものである。この意味において、永遠性は無時間性である。いずれにせよ、それは不変で永遠なるもの（不変にして永遠なるもの）に帰する特性のことになる。言い換えれば、永遠性は他のものを必要とせずに存在し、かつ他のものを必要とせずに考えられ、そして自己の本性の必然性のみによって永遠無限を本質表現する永遠無限の神性からなる本体の定義から必然的に生じるもののことである。したがって、本体の永遠性と区別するために、本体から分与された永遠性すなわち人間の永遠性のことを「分与的永遠性」あるいは「支与的永遠性」あるいは「分給的永遠性」などと呼ぶことがある。

　本項の最後に。人間における有限の身体が滅びることで、その身体を通じた精神も滅びることになる。しかしながら、人間の内には支与的永遠性が備わっている、という結論に私たちは到達した。この世界本体の内において、不滅性に通じた精神は、可滅性のそれよりも強力である。なぜなら、全世界は永遠性が主体だからである。

つまりその展開の主流は有限性ではなく、永遠性なのである。そのため、世界本体である永遠原因に則する永遠真理の具現性を帯びた精神が十全に作用しているなら、必然的に永遠の本源との関係一致を展開するであろう。別言すれば、精神の能動展開は、永遠なる神髄と関係変様することで無限に増大していくであろう。端的に言えば、本性に即して無限に永遠化していくのである。したがって、その精神の部分が純正であればあるほど、それだけ不滅となるだろう。この永遠性の変様併合は、美性の側面においても同様である。

　さて永遠の美化の能動展開によって、美の普遍性を大観することになるだろう。世界の全てが美しい、と達観することになるのである。私たちはこの境地に挑む。だがこれについては次節で語られる。

第 6 節　汎美

　全ては美しい。この見解への道程は険しいものである。当然といえば当然であろう。否定されるべきあらゆることを肯定することによって、はじめて描出される美なのだから。それも本心から積極的に、ということであれば尚更そうに違いない。しかしながら、私たちは前章[41]にて若干ながら醜の問題を取り扱った。これがこれから考察されることの小さな前進であるかのように思われる。

　とはいえ、人間の賦性は醜すなわち美の欠如に動向し易いものであるのは揺ぎない事実である。これについての真意は、多くは惰弱のために真の美へと導かれることは非常に稀である、ということである。美の本道から逸脱し、自己の本能のままに利益を貪る。自分たちの衝動を満たすために不都合を避けて、それも可能なかぎり労力を惜しんで。全ての、と断定するつもりは毛頭ないが、人間は脆弱な存在であるからこそ、現実（真実）から目を背け、身勝手に世界を都合好く解釈してきた。不識・無識に安んずるがゆえの人間中心主義。その浅薄な謬見が、自然本性との不一致を引き起こしているのである。

41　第 1 章第 8 節

それゆえ、人間の世界感は醜に現向することになる。世界は人間の劣弱のままに短絡的に、独断的に利便性のあるものとして占有され、あげくの果てに絶対者（本体）の意思をも好都合に捉えるようになる。これこそ極めて傲慢な臆見である。たとえば「絶対者は世界の主人となるように人間を創造された」。これにより「他の被造物は、人間が好きなように利用するために創造された」（「他の被造物は人間のために創造された」）などといった具合に。このような誤想が歪を生んだことは間違いない。

　そのうえ、「絶対者が創造した世界には未だ欠陥がある、不完全である」と。それから「人間にとって無駄のない世界であるはずなのに、世界には人間を脅かすものが無数に存在している」などと。不知の大衆にとって、災害や疫病などがまさにそうである。彼らによって、それらは罪禍や試練などといったように解釈されてきた。人間の感覚や感情を不快にさせるような醜悪を絶対者の意図に反逆するものと見なし、反対に、愉快にさせるものは絶対者の意図に適っていると見なすか、さもなくば、人間への恩寵などと見なす。いずれの見解も、非普遍の知性である心象の有に過ぎないことは言うまでもない。

　事実は彼らの醜い独偏とは全く異なっていた。こうして虚像の醜から解き放たれ、世界には常在する普遍性が内有されていることを知認する。その部面である普遍知性（普遍概念）は、その本性に準じて普遍性の真髄へ真導する。つまり明知に導かれることで、必定的に普遍な

る存在本性に変様循環され、それによって存在の真髄すなわち本質へと帰着されることになる。

　ここでまず注目すべきなのは、世界は決して人間のためだけに存在しているのではない、ということに立ち返れることにある。これはむしろ、人間なるものは世界のために存在している、という見方ができるのだが、ともかく上述した見解によって、世界に存する人間にとって害悪や障害となるものが、ただ単に人間にとって（もしくは、人間とそれに類する生物にとって）そうであるというだけのことであり、それは世界全体にとってそうである、というわけではないのである。

　換言すれば、人間は世界（自然）における主部または主要ではなく、副部（附部、随部）または次要である。つまるところ、そうした副部である現様体は主部である本体によって本質表現されているのである。

　そしてこの知解を通して、必然的に更なる知恵の探究が展開されるであろう。すなわち世界本体とその世界の本質の覚知である。これは、「直覚（直知、直観）」と「知恵（英知、真知）」の側面を有する「観照（観想）」によってなされる。言い換えれば、永遠無限に創造表現する実体（本体）を、人間における最高の本質的認識によって理解することで人間本性は完成されることになる。付言すれば、実相の本質を直観することで実相と本質一致するこの表現展開が、人間の本質的な最高段階なのである。

ところで、世界は無限の本質を内有している。人間は世界の一部である。そのかぎり、人間も本質を有する。世界本体の世界化によって構成された人間の本質は、或る面においては形相的に、また或る面においては自存的に表現される。このことについてはここでは省略するが、ともかく人間の本質の動勢から本質知が発現される、ということに変わりはない。

とはいえ、人間知性は賦性的に完成されているものではない。だから人間はその本性上、自己の知性あるいは精神を改善させようと努めていく。別言すれば、人間はその本性上、本質一致を目指すものなのである。それゆえ、人間の観照の前段階としての理知は、その最終目的を完遂させるために変様展開される。もしくは本質知の端緒である理知は、その完成を目指すために動勢する。さらに換言すると、探究知は本質知として進展していく。すなわち、理知は第三段階の知性である観照と成るべく観照化（観照変様化）を進めるのである。

かくして人間における最高知性である観照によって、自身が世界の永遠なる一部（局部）であることの認識を通じてその永遠本質と直結することになる。美に限定するならば、世界の永遠本質と直結した美の表現展開によって、必然的に世界全体が美であるものとして定められる。全美の見解は観照によって到達されるのである。こうして本質知すなわち観照による本質直覚（本質直観）を通じて、存在全体の美を統観ないしは汎観することになる。

第6節 汎美

　全ては美である、という見解が永遠性において表現されることになるのは必然である。この不朽性を通して、あるいは永遠の直結を通して知解される「世界即美」または「全美」のことを、私は「汎美」(pankalia) と呼ぶ。

　汎美における統覚者の精神では、美が全一化（一統化）されている。すなわち、本質一致した全一性（一統性）[42]の共通精神（共同精神）を有していることが導出される。したがって、万人において汎美が統観され得るのである。

　こうしたことから、私は汎美に光明を見出す。それと同時に、汎美が私たちの終着ではないことを理解している。あらゆる美の原因の結果は、第一の美（の原因）に還元されなければならないのだから。それゆえ、私たちの究極目的は美そのものである。

42　美自体における分有美としての全一性（一統性）

第2章

第 7 節　美自体

　不朽性を通して眼差される究極の美。それは美自体[43]である。そして、永遠なる実相の一端としての展開となる変様態による世界即美の統観である観想表現すなわち汎美。この汎美を越えることは、その先に美における究極原因が照らされているからである。全ては美である、ということを本質知によって知解する際、無限の分有美を創造変様する美の本質に、別言すれば、無限の美を分与表現する美自体に帰着するのは必然なのである。

　それゆえ、美において人間本性に即するかぎり、汎美を介して不朽価値である美自体を探究するものである。それにあたり、美覚または美悟によって、最高完全なる実有の観念の一面である美自体との能動的な発展変様[44]に努める。言い換えれば、人間の最高知性である本質知の本質直観によって、自身が美自体の一端として美自体の主部展開に参画することを目標に定める。以上の如く、本節では汎美を通じて美の根源との本質一致を試みる。

43　Auto to kalon, the Beautiful itself, Beauty itself
44　この能動的な美の展開は、最高完全性に導かれた美得心からなるものである。したがって、その最高度の美への衝動が美自体から創造表現されているかぎり、それは究極において美自体の動勢に直接参与または直接参加している、という見方が許されるであろう。

第 7 節 美自体

　ところで、人間における本体の観念は、本有的あるいは生得的なものである。それは全ての人間に内刻されていることになる。その埋め込まれた唯一なる本体の観念のことを、私は「魂刻」または「心刻」などと呼ぶ。いずれにせよ、この本体の観念の植え付けは永遠である。永遠を把握する精神の眼（心眼）がそのことを証明している。しかしここで重要なのは、全ての人間は永遠無限なる本体の観念を通じて本体を捉えている、ということである。別言すれば、人間は本体の観念を通じてしか本体の実有を知解することができないのである[45]。

　それから人間と本体の観念との本質関係をより明確にするために、人間本性の展開について確認する必要がある。まず最高完全への探究性（探求性）は、人間精神が神性の現様態であることから必然的に展開される。ゆえに人間はその本性上、最高完全者を探究する（最高完全性を求める）。人間は本性的に、神的基本すなわち本体の本質を介して諸事物の本質を創造規定する本体との真性一致のために進展していくのである。さらに言えば、人間の本性は人間の最高知性である観照によって本体の本質と直接一致することにある。この観照は魂刻を現出させる精神（知性）である。またそれは個体の永遠なる「純粋精神・純粋観念・純粋知性」から表現される。

45　人間精神によって本体を捉える際、本体の観念が必要とされる。その観念は全ての人間の内に備わっていなければならない。これは世界における本体の観念が人間の内なる本体の観念として照合一致されていることを示す。

とはいえ、人間精神は自己の身体を含めたこの世界を通した観念である。ゆえに人間精神は人間身体が持続している期間でしか知覚することができない。なおそれが不完全な知覚であればあるほど、それだけ身体の消滅と結合することになる。これは世界の不完全性が随部展開または次要展開であることに関係する。だが世界の主部展開または主要展開は完全性である。すなわち世界の本質展開は永遠性である。世界の永遠性を主眼に置くなら、人間は永遠性を主体とする世界の局部としての存在である。これからして人間はその賦性上、永遠性を分与されている。率直に言えば、人間の本質は永遠なのである。(人間の本質は本体の現様化によって構成されているため、)人間身体の側面においてその本質も同様である。したがって、人間身体の本質は身体の消滅によっても存続される。

　こうして世界の永遠性は、世界限定内において無限に存在する有限個物に「総有、合有、共用」されていることになる（分与的永遠性）。この考察は永遠なる本体が全存在の原因だけでなく、全本質の原因でもある、ということに帰する。本体は絶対の実有として全ての本質ならびに存在の動力因（起成原因）として導出される。

　そして本体が絶対の実有であるかぎり、本体の本質を構成するものは永遠無限であることになる。そうでなければ不条理である。とはいえ、人間は世界本体ならびにその内なる世界の諸本質の全て（全貌）を把握することはできない。言い換えれば、現様体である人間の制限内

第7節 美自体

において、いくつかのものは可能である。なお、本体の本質は神的基本または神性と同意である[46]。

このように規定されるかぎり、人間はそうした本体の観念の本質を通して、すなわち本体の観念との本質一致として直覚することによって、つまり観照の思惟作用によって、人間精神の不滅性は自身の身体の消滅に影響することなく変様併合される。別言すれば、人間精神はより完全に永遠真理または永遠本質を得るにつれて、人間の不滅性はより大となり、それだけ消滅性に影響されることなく残存するのである。実際、観照は本体の観念から分与されることによって「総有、合有、共用」される個体の永遠の「純粋精神・純粋観念・純粋知性」から表現される。それゆえ、その知性は永遠性の展開である。

しかし人間の永遠性には、それの起成原因となる力能が統轄展開していなければならない。当然のことながら、人間は自ら永遠性を創造することはできない。人間が永遠にあずかるには永遠原因を要する。それゆえ、人間が永遠性を表現するには、永遠なる実有の創造秩序の内で絶対統制されていなければならない。

---

46 神的基本または神性における代表的な考察として。第一原因の本質(能力)は思惟と延長である。この見解に従うが、それらの同義を付加するなら、思惟については思考・考思・思想・知性などである。人間のそれと区別する場合、思惟原型、思考原型、考思原型、思想原型、知性原型(さらには、絶対知性、完全知性)などと呼ぶ。それから延長については延展・展延・広延・在延・有延・拡張などである。人間のそれと区別する場合、延長原型・延展原型・展延原型・広延原型・在延原型・有延原型・拡張原型などと呼ぶ。また延長性の表現には実在性・物体性・物理性などが含まれる。いずれにせよ、本体を構成する本質または神性は永遠無限に存する。だが人間は思惟と延長でしか把握できない。

この事実によって次のことが開示される。すなわち本体は超越原因ではないのである。本体の外が存在したり、ましてや本体の外で何かが存在したりすることなど決してあり得ないのである。これからして、本体は唯一の実有としての内在原因である、ということが理解される。

　全は一に在る。全ては唯一の本体によって、その内で表現されている。全ては本体によって一定の仕方・関係によって変様展開するように決定されている。全ては本体の内にあり、それなしでは全ては存在することができない。一なる本体は、それに内在する全ての第一原因なのである。この第一原因すなわち存在本体は、必然的に存在しなければならない。なぜなら存在本体が存在しなければ、諸存在は本体なくして存在することになる。これは不条理である。存在総体の本体であるかぎり、存在することが本体の本性なのである。ゆえに本体は絶対に永遠である。やはり永遠性あるいは永遠性の原因の定義によって生起される存在とは、存在本体であることになる。

　このような本体は唯一なる絶対の実有である。つまり本体が他の同等の本体を創造表現することはあり得ない。しかし本体は自己の必然的本性によって創造表現する。別言すれば、絶対の自己決定によって自然変様（世界変様）すなわち所産変様するのである。そのため、一なる本体は〈能産的自然〉として呼び換えることができる。反対に、能産的自然から産出されるものが〈所産的自然〉である。この所産的自然は、本体である能産的自然から

第7節 美自体

創造表現された全世界（全宇宙）すなわち存在総体のことである——もはや言うまでもないことだが、所産的自然には人間も含まれる——。

そのうえ、能産的自然のことを〈創造されず、創造する自然〉と呼び換えることができる。反対に、所産的自然のことを〈創造され、創造する自然〉と呼び換えることができる。いずれにせよ、本論ではこれらについてはこれ以上の考察をするつもりはない。なお、これらについては私の他の著作[47]で語られている。

ともかくここで重要なのは、能産的自然である本体の内にはそれの必然の本質（能力）から直接的（無媒介的）に世界化もしくは現様化（現態化）される永遠無限なる所産的自然が存在する、ということである。その一つが本体の観念である。もう少し厳密に言えば、世界変様（世界変状）ないしは現変様（現変状）した本体の（本質の）観念（現様変状または現態変状した本体の観念）は、直接様態（無媒介様態）の一つである。つまり本体の本質（能力）である思惟原型から直接（無媒介）に変様展開されたものなのである。したがって、この観念は永遠無限に創造表現される存在総体の本質すなわち形相的本質の一切を内有している。言い換えれば、全世界の形相的本質は、その本体の本質によって分有表現または変様表現されているのである[48]。

---
47 『創られざる善』（書簡8）
48 本体によってその内で本質表現される分有的本質は、本体を主体とするかぎり、間接的（媒介的）に永遠無限である。

こうしたことは美の側面においても同様である。すなわち、美自体は美の本質あるいは美の形相因（形相的原因）を有している。つまり、その美の本質あるいは美の形相は、全ての存在の美の規定をなしている。

そうした美自体の本質展開による現成の美性から、即様的または即効的に至高の知美（美覚）が得られる[49]。これについて、探究の現段階においては当然の帰結となるのだが、美自体における本質表現との変様併合あるいは変様循環によって、人間における最大の快適性・健全性あるいは価値の快適性・価値の健全性が表現展開される。別言すれば、私たちは前章において大まかではあるが、この快適性・健全性の細分化を試みた[50]。たとえば、美の部面である快適性は「快美」、「隆美」であり、それから美の部面である健全性は「健美」、「格美」であった。それゆえに、これらはそれぞれが美自体との本質一致によって最高度に表現展開されるのである。

ところで、美自体[51]は本体の観念のことである。もう少し正確に言えば、現変様（現変状）した本体の観念の一面のことである。したがって、本体の観念は広義（広範）に解釈することができる。ないしは多くの側面や見解から捉えることができる。たとえば或る面において

49　美自体は、その必然的動勢によって実相にて美性を照射している。それは無窮の美放である。その美散への知眼によって、本体の創造表現の美性部分に即様的・即効的に貢献するものとして理解される。
50　第1章第2節
51　「美そのもの」

は、本体の観念は「真自体（真理自体）」[52]であるし、またそれは「善自体」[53]であるし、さらにそれは「愛自体」[54]である。それから永遠無限なる創造性を重視する際、それは「創造知性」[55]という新語を使用することができる。ついでに創造知性を詩的に表現するなら、それは「大いなる母」[56]と呼ばれるに相応しい。

そのうえ、本体の観念は無限に存する個体の永遠なる「純粋精神・純粋観念・純粋知性」の統一体もしくは集合体の主幹をなすものである。このことから、それは古称である「世界知性（宇宙知性）」または「世界霊魂（宇宙霊魂）」[57]として実観することができる。これにより、全世界に遍在する統合的精神の軸である現様化（現態化）した本体の観念が、全世界にとっての理念または理念的観念であることが導出される。この事実によって、本体の観念は「理想」と定義され得るのである。

以上のことから、現変様（現変状）した本体の観念は多面である、ということが明白となった。しかしながら本論の主題は美である。したがって、そうした本体の観念においては「美自体」の一面だけが抽出され、それが主要な考察の対象となってきたことは言うに及ばない。

---

52 「真そのもの」、「真理そのもの」
53 「善そのもの」
54 「愛そのもの」
55 Intelligens Creativus, Intelligentes Creativi
56 Magna Mater
57 Anima mundi

さてここで一つの結論を出す時が来た。すなわち、人間の最高知性である観照による本質直観を通した永遠無限なる美自体への参与なる表現展開は実現される、ということである。端的に言えば、観照によって美自体が本質表現される。そしてそのような美への最高の知的行動によって、美における人間の至福（最高幸福）が達成される。最高知性によって最高完全者の観念の一面である美自体の本質を知覚する者は、必然的に最高度に心奪されていることが、それを証明する。

そもそも人間精神の本性は永遠性において思惟することにある。永遠の参与は理想にある。したがって、持続性を超出した理想の美との本質一致は、人間の美の完成を意味する。美自体を観照することで表現される自身の「純粋精神・純粋観念・純粋知性」の理想美化すなわち美自体化こそが、この探究の終着なのである。

最後に、本節のまとめとして。観照は人間における最高知性である。観照によって、精神の最高の快適性・健全性すなわち美は実現される。美を探究するかぎり、その究極目的は究極の美でなければならない。究極の美は美自体であった。それは現変様（現変状）した本体の観念の一面である。ゆえに心刻された美自体を認識することによって、これまでの汎美を越えることができる。実際、美自体の観照を通じた汎美の本質認識が完全であればあるほど、それだけその認識は永遠性を増す。これは無限に永遠化される。言い換えれば、本体との本質関係を主

体にした本質認識が高まれば高まるほど、それだけ汎美の本質は完全表現される。したがって、美自体の観照が主要になるにつれて、美の精粋性は増大し、それだけ永遠に残存することになる。つまり、それだけ本体によって永遠に保存されていくのである。

　なお、本体の観念を伴った永存の美に拮抗・対立するようなものは何もない。なぜなら、このような快適性・健全性こそが永続する最高の褒美なのであるから。そしてこの崇高な不滅の美を得た者は、十全な知性によって生じた自己美欲[58]が勝ることも関係して、世俗に刺激されて展開される様々なもの、たとえば快楽、貪欲、名誉などへの耽溺が減少することだろう。そうしたものに価値を見出せなくなるからである[59]。すると必然的に知性の動勢は活発になる。そうなれば、更に深く美自体との本質一致に努めるであろう。このようにして知恵の探究は無限に続くのである。こうして眼福の極みにあずかる者は、自身の人生を快適・健全に満喫することになる。世界は美しい、ゆえに私は美しい、と。

58　知的な自己陶酔のこと。すなわち美自体の一部として存在する自己自身への美愛のこと。
59　それに永遠価値を享受しているからである。

後書

　美自体を美しいと思うことは、美自体が自身を美しいと思うことでもある。これまで、永遠無限なる本体の観念の一面としての美自体について考察してきた。これ以上の美を、私は知らない。とはいえ、美自体を規定するには観照による知覚が必要であることは理解している。

　このことは、私の知性が最高度に高まっている、という意味ではない。またそのような驕りは微塵もない。しかし無限の存在が無限の仕方で一なる根源を辿ることは、知性による純粋な統一展開であることは確かである。各々が美を探究するかぎり、必然的に第一美に導かれる。全ての人間精神は純正になればなるほど、それだけ明瞭判明に美自体の本質と一致することができるのである。

　私としては遅歩なりに、段階的に（徐々に）このことの学びを重ねられている。そしてこの過程において、以下のことを再認することができた。すなわち、知恵の探究の対象が不変にして永遠なるものであるかぎり、その活動には終わりがない、ということを。この事実は神秘の一つであると思われる。ならば、美しい世界の大いなる謎に挑戦するだけの価値があるのだ。だから今もなお、知恵の探究は継続されている。

2024 年 3 月 27 日

倉石 清志（Seiji Kuraishi）
1975年福岡県生まれ
長崎純心大学大学院博士後期課程修了。博士（学術・文学）
専攻は哲学、文学
〔著書〕『創られざる善 創作に関する書簡集』、『隠者の小道』、
　　　『永劫選択』、『最も近き希望』、『陽だまり 他一篇』、
　　　『尊敬についての随想』、『夢想』、『風紋哀詩』、
　　　『多くの一人』（監修）

美の哲学論考

2024年12月20日　第一刷 発行
著　者　　倉石 清志
発行者　　森谷 朋未
発行所　　Opus Majus
印　刷　　中央精版印刷株式会社

本書の無断複写は著作権法上での例外を除き禁じられています。
購入者以外の第三者による本書のいかなる電子複製も一切認められておりません。
©Opus Majus 2024 Printed in Japan
ISBN 978-4-905520-19-1 C1010 ¥3300E
落丁・乱丁はお取替えします。